自分で考える
ちょっと違った
法学入門

［第4版］

道垣内正人
DOGAUCHI MASATO

有斐閣

はしがき

　法律学に正解はない。このことが本書で一番強調したいことである。

　1年生向けの「法学」の講義を担当した経験では，高校までの科目の勉強でそうであったように，既成の知識を教えてもらうという姿勢で講義や法律書に臨む学生が少なくない。しかし，法律学は，そもそも，理科系の学問のように「真理」発見の科学ではないのである。法律学とは，利己的で，場合によっては邪悪な心が顔を出す不完全な人間によって形成されている社会にいかに秩序を与えるかを考える学問であり，これが「正解」ですとはとても言えない人間臭いものである。したがって，常に見解は対立し，その対立する議論の中にこそ法律学があると言うことができよう。

　法律学において重要なことは，結論自体ではなく，その結論の根拠付けである。要するに，法律学は説得の学問なのである。民主主義国家では，多数を説得できればそれは法律として通用する。現実の裁判でも，原告と被告の双方に弁護士がついて相異なる結論を導くためにそれぞれ理路整然とした主張を展開し，裁判所も，地裁，高裁，最高裁がそれぞれきちんとした判決理由に基づいて異なる結論を出し（最高裁では反対意見が付けられることもある），さらに，それを法学者が批判するということはよくみられることである。

　もちろん，妥当な結論とそうでない結論はある。一国の法秩序は，憲法を頂点として論理的整合性を持っているので，全体の中で相対的にあるべき位置が決まってくるからである。法解釈とは，そのよ

うなあるべき妥当な線を模索することである。議論の落ちつき先をどのように見つけるか,法律学が「科学」であれば必然的に決まるはずであるが,そのようには決まらないところに法律学の面白さがあるのである。

　なお,結論のあり方について付言しておくと,法律学においては,人々が驚くような突飛な結論は一般には妥当とは言えない。理科系の学問では,びっくりするような結論であればあるほど,すばらしい功績となるのであるが,社会に秩序を与えるべき法律学が人を驚かすようでは困るからである。重要なことは,同じ結論でも,いかに座りのいい説明を与えるかである。

　本書では,10の問題を通じて,法律学の面白さに触れてもらうことを意図している。大切なことは自分で考えることである。問題を頭の片隅に置いて一日くらい折に触れて考えてもらいたい。そのことを実践してもらえたならば,本書の目的の大半は達成される。解説の部分は関連資料と筆者の考えを参考までに付けているだけである。自分で考えずにすぐに解説部分を読むのであれば,時間の無駄である。読んで知識を得ようというのであれば,もっとためになる本はたくさんある。本当に自分で考えた後に解説を読んで自分の結論及び理由付けと比較してもらいたい。そのときには,きっと,最初に考えた時とは違う,一つ上のレベルに到達しているはずである。

　では,問題に入ろう。

もくじ

はしがき

問題 1　ケーキの分け方 ―――――――1
  1　いろいろな方法 ・・・・・・・・・・・・・・・・・・・・・・・・・・・2
  2　相手が分けて自分が好きな方をとるという方法 ・・・・・・・9
  3　3人で敗者を作らない分け方 ・・・・・・・・・・・・・・・・・・12

問題 2　マンションのエレベータの修理 ―――15
  1　多数決の妥当する領域と妥当しない領域 ・・・・・・・・・・・17
  2　マンションの場合 ・・・・・・・・・・・・・・・・・・・・・・・・・19
  3　建物の区分所有等に関する法律 ・・・・・・・・・・・・・・・・20
  4　答案の分析 ・・・・・・・・・・・・・・・・・・・・・・・・・・・・・22
  5　筆者の見解 ・・・・・・・・・・・・・・・・・・・・・・・・・・・・・25

問題 3　爆発装置付き金庫の偽物 ――――――29
  1　1920年代のアメリカでの実際の裁判 ・・・・・・・・・・・・・30
  2　社会常識による善悪の判断 ・・・・・・・・・・・・・・・・・・・34
  3　理由づけ ・・・・・・・・・・・・・・・・・・・・・・・・・・・・・・36
  4　別の例では ・・・・・・・・・・・・・・・・・・・・・・・・・・・・・37

問題4　イタリアからの子供の連れ去り ―― 41
   1　心情を察すること ……………………………………44
   2　最高裁昭和60年2月26日第三小法廷判決 …………46
   3　子の幸福という難しい問題 …………………………49
   4　国際条約 ………………………………………………52

問題5　好意同乗者に対する損害賠償責任
       についての法律を作る ―― 55
   1　失火ノ責任ニ関スル法律 ……………………………56
   2　好意同乗者についての裁判例 ………………………58
   3　解答例 …………………………………………………60
   4　アメリカ各州における Automobile Guest Statute の
      制定と廃止 ……………………………………………64
   5　法律を作ってみることの意味 ………………………66

問題6　シャガールの絵の行方 ―― 69
   1　ニューヨーク州の裁判所の判決 ……………………71
   2　日本民法の規定 ………………………………………72
   3　それぞれの処理方法の比較検討 ……………………73
   4　民法194条の問題点 …………………………………78

問題7　契約書を作ってみる ―― 83
   1　攻めの姿勢 ……………………………………………85
   2　取引の仕方 ……………………………………………85

3　契約書を作る文化と作らない文化 ……………86
　　4　契約書を作るとき考えること ……………90

問題8　判例を信じていたのに…… ——————97
　　1　先例の重要性 ……………99
　　2　先例拘束性の原理 ……………100
　　3　判例の事実上の拘束力 ……………101
　　4　先例との区別 ……………105
　　5　判例変更の例 ……………107
　　6　刑事事件における判例変更 ……………112
　　7　判例は信じるに足るものなのか ……………115
　　8　判例の不遡及的変更 ……………117
　　9　損失補償的発想 ……………120

問題9　大家の言い分 ——————125
　　1　法解釈のあり方 ……………129
　　2　借家法の変遷 ……………137
　　3　法改正の動き ……………146
　　4　平成3年の借地借家法 ……………149
　　5　平成11年改正 ……………150

問題10　懲らしめとしての損害賠償 ——————153
　　1　公法と私法——刑事法と民事法 ……………156
　　2　アメリカの懲罰的損害賠償 ……………162

3	日本での議論	……………………………………169
4	レポートに示された意見	……………………173
5	どのような社会にしたいか	…………………174

あとがき

事項索引　法令・条文・条約索引 ………………………180

中扉イラスト・箕輪絵衣子

問題 1

ケーキの分け方

じゅん君は，サッカー・クラブの練習から帰って，「あー，おなかがすいた」と言うと，手も洗わず，冷蔵庫に直行しました。ドアを開けると，ありました，きのう叔母さんが持って来てくれたケーキのうち余ったのが1つ。思わず，「ケーキ！」と大きな声を出してしまいました。じゅん君は，すぐにしまったと思いました。隣の部屋に，さっきからおとなしくお絵かきをしていた弟のだい君がいたのです。だい君は，「ぼくもケーキ！」と叫びながら飛んできました。さあ大変です。テーブルの上に出されたその1つのケーキをはさんで，兄弟げんかがまさに始まろうとしています。

　さて，お母さんは，どうすればいいでしょうか。2つに切ろうにも，それは，大きないちごが1つのった三角のショートケーキで，しかも，冷蔵庫の中でひっくりかえって，クリームが片寄ってしまっています。とてもちゃんと半分には切れません。どのような方法でこの「紛争」を解決すればいいでしょうか。

　すぐに答えがわかってしまったという人のために，では，じゅん君とだい君に妹のまゆちゃんがいる場合，3人で1つのケーキを分ける方法について考えてみて下さい。

＊　　＊　　＊

すぐに次を読まないで，自分自身で考えることが大切です。

1　いろいろな方法

　まず，2人の兄弟の間の紛争解決について考えてみよう。これには，いくつかの解決方法があり得る。

❑　おにいちゃんだから……

　第1に,「おにいちゃんなんだから,我慢しなさい」と言って,弟に全部あげる,という処理が考えられる。判断権を持つ者,この場合はお母さんに,物理的な力を背景にして,結論に対する批判を一切許さないほどの絶大な権力があるのであれば,これでも表面的には紛争解決となるであろう。しかし,年齢が上であることとケーキに対する需要の大小は関係しないので,この判断基準はあまりに合理性を欠き,いずれ,判断を受ける側の信頼を失い,紛争解決のシステム自体の崩壊を招くことになるであろう。親子関係であれば,反抗期で親の言うことを聞かなくなるということですむが,社会システムの場合には,革命が起こるかもしれない。

❑　早い者勝ち

　第2に,早く見つけたということを理由に,じゅん君に全部あげるという紛争解決方法がある。早い者勝ちというルールは,一定の場合には合理性を有している。たとえば,「所有者のない動産は,所有の意思をもって占有することによって,その所有権を取得する」と定める民法239条1項は,誰の物でもないものは,早く見つけて所有の意思をもって占有すればその人の物になるというルールである(ただし,同条2項により不動産の場合は,国庫の所有となる)。また,このルールは,「先占の法理」として,国際法上も確立している。無主地の領域を取得の意思を持ち,かつ,その意思の存在を外部に示す占有・支配などの国家活動を伴っている場合には,その無主地に対する領域権原を原始取得するというものである。グリーンランドに対するデンマークの領域権原,また,1973年に火山活動により太平洋上に出現した西之島新島に対する日本の領域権原が

その例である。

　さらに、不動産に関する物権に関して対抗関係（この言葉についてはすぐ次に説明する）に立つ者の間の優劣を早く登記を備えた方が優先するという基準によって解決している民法177条も、早い者勝ちのルールの例として挙げることができる（もっとも、立法当初の善意悪意を問わない法文のままの適用から、たとえ早く登記を備えた者であっても、いわゆる背信的悪意者など登記の欠缺を主張することが信義に反するような場合には早い者勝ちのルールを修正するようになってきているが、同じ立場の者の間では依然として早い者勝ちである）。これは、たとえば、Aが、ある不動産をまずBに譲渡し、その後、同じ不動産をCにも譲渡した場合、B、Cのどちらがその不動産の所有者になるかという問題について、所有者の登記がまだAにある間は、BとCとは「対抗」関係にあるとされ、早くAから登記の移転を受けた方がその不動産の所有者となるというルールである。もちろん、悪いのはAであるから、登記の移転を受けられなかった者は、Aに対して、売買契約の違反を理由に損害賠償を請求することはできる。ただ、そのときに、Aが行方をくらましていたり、あるいは資産がなくなっているときには（現実にはこのようなことが多いであろう）、まさに、早く登記の移転を受けなかったことが、そのまま損につながるのである（「対抗」については、道垣内弘人『リーガルベイシス民法入門』（第3版）418頁〔日本経済新聞出版社、2019〕参照）。

　では、ここでの問題の場合はどうであろうか。早い者勝ちというルールが合理的であるための必要条件の第1は、スタートラインが同じであることである。特定の者だけが早くできる条件を備えているような場合には、このルールは不平等な結果をもたらし、妥当ではない。ここでの問題の場合は、弟のだい君の年齢にもよるが、一

応この点はパスすると仮定しよう。

　しかし，早い者勝ちのルールが合理的であるためには，第2の条件として，その対象となっている事項について勤勉である者が得をするということが一般に是認できる場合であることが必要である。不動産の二重譲渡を対抗要件の具備の先後によって解決するルールは，登記について勤勉なものを優先しようとする法政策もその根拠となっているのである。ところが，ここでの問題の場合，早くケーキを見つけるということを奨励するようなルールは妥当とはいえないであろう。一度，お母さんがこのようなルールでケーキをめぐるけんかを解決すると，それは先例となって，以後は，兄弟は競って日に何度も冷蔵庫のドアを開け，おいしいもの（これは，ケーキに関するルールの適用範囲次第である）を捜すということになってしまうであろう。なお，早い者勝ちというルールはいかにも原始的なルールであり，このルールが正当化できる第3の条件として，これ以外に適当なルールが存在しない場合であることも必要であろう。国際法における「先占の法理」などは，やむを得ないものと言うことができよう。したがって，ここでの問題については，別の解決方法を検討すべきである。

❏ ジャンケン

　第3の紛争解決方法は，ジャンケンで勝った方にケーキを全部あげる，または，このヴァリエーションとして，お母さんがとにかくケーキを半分に分け（正確に半分である必要はない），ジャンケンで勝った方が好きな方を選ぶという処理が考えられる。これは，ジャンケンという方法が持つ偶然性に依拠して，紛争の解決を図ろうとするものである。この方法は，確かに公平性は確保できるが，ルール

というにはやはりあまりに原始的である。この方法以外に適当な方法がないという場合の最後の解決方法と言うべきである。法律の中にも、例外的にくじを用いて解決を図ることを定めているものがある。たとえば、「当選人を定めるに当り得票数が同じであるときは、選挙会において、選挙長がくじで定める」と規定する公職選挙法95条2項はその例であるが、これもやむを得ない場合の最後の処理方法としてのみ是認されているのである。

❏ 仲裁の合意

第4に、ケーキを切る役割を果たす第三者を選び、その人の切り分けた結果には文句は言わない、という合意を兄弟の間でするという方法もある。この第三者は、合意さえできればお母さんでもよいが、お母さんが信頼を得ることができなければ（お母さんのナイフ使いの技術の稚拙さなどを理由に、いずれか一方が拒否することが考えられる）、適当な人を捜してこなければならない。

これは、法律上の仲裁に似た紛争解決方法である。仲裁法13条1項によると、当事者が和解することができる民事上の紛争については（たとえば、親子関係があるか否かという問題は、当事者があると合意しただけではそのようには法律上は扱われず、裁判所が職権で調査して判断しなければならないので、親子関係の確定という紛争は仲裁では解決できない）、仲裁人に争いの判断をさせる合意をすることができるとされている（もっとも、仲裁人との関係は委任契約という別の契約であるから、仲裁人は仲裁人になることを引き受けない自由がある）。仲裁は、当事者間の紛争を裁判所で解決するのではなく、彼らで選んだ仲裁人に解決してもらうという方法であり、仲裁の合意に反して一方が裁判所に提訴した場合、他方の当事者が仲裁合意の存在を主張すれ

ば、訴えは却下される（仲裁法14条1項）（「却下」とは訴えの内容〔本案〕の判断に入らないで門前払いされることであり、本案について判断した結果その請求を認めないという判断である「棄却」とは異なる）。そして、司法制度としては、そのように仲裁合意を尊重する以上、最終的な判断結果である仲裁判断も同様に尊重しなければ筋が通らない。実際、同法45条1項は、「仲裁判断……は、確定判決と同一の効力を有する」と規定している。もっとも、上記の13条1項は仲裁合意の対象を「民事上の紛争」とし、法律上の争い事でなければならないとしているので（そうでないと、仲裁判断が確定判決と同一の効力を有するものにならない）、ケーキを分けるという事実行為を第三者にさせることを目的とする契約は厳密には仲裁とは言えないが、基本的な考え方は同じである。

　この方法の最大の弱点は、第三者に任せるという合意が不可欠である点である。一方がAさんに任せたいと言うと、他方はAさんが相手方寄りなのではないかと疑い、逆の場合もそのような疑心暗鬼のために話が進みにくいであろう。法律上の仲裁においても、現実に仲裁がなされるのは、紛争発生前の契約段階で将来起こるかもしれない紛争に備えて仲裁合意をしておいた場合がほとんどであり、紛争が発生してから仲裁合意をすることは一般に困難である。また、仲裁合意においても、仲裁人を1人とはせず、当事者双方が1人ずつ選び、その2人の仲裁人が第3の仲裁人を合意で選んで、3人の仲裁人の多数決で判断をするという仕組みにすることもよくみられるところである。したがって、1人のナイフに委ねざるを得ず、しかもケーキをはさんで紛争が発生している状況下での第三者選びは難航が予想され、一般に使える方法とは言えない*。

　＊なお、仲裁と似て非なるものとして、調停的な発想による方法があ

る。これは，ケーキの例で言えば，第三者に一応は切ってもらって，双方が納得できるような切り分けができれば，すなわち，兄と弟がそれぞれ別の1つをほしがる状態になれば，双方が好きな方を食べることにするが，双方とも片方をほしがるような結果に終われば，別の解決方法を考えるという方法である。法律上の調停がそうであるように，この調停方法は，強制的な色彩がないので使いやすく，うまく紛争解決に至ることも少なからず期待できるのであるが，調停失敗の場合には別の紛争解決方法に移行しなければならないという点でオールマイティーな紛争解決方法ではない。

❏ 取　　引

第5の方法として，問題のケーキを兄弟で取引するという方法も考えられる。これは，各自，そのケーキを自分のものにできるとしたら相手に何を渡してもよいかを考え，たとえば，自分の集めているカードとか，来週の水曜日の夜8時から9時までのチャンネル権などをあげるからこのケーキを自分にくれという交渉を進めてゆくという方法である。

ただ，これも必ずしも紛争解決に至らないという重大な欠陥がある。ケーキの代わりに提供できるものは，それぞれにとって，ケーキ以下の価値しかないと思っているものに限られる。交渉過程では，できるだけ自分にとって価値のないものから出してゆき，だんだんとケーキの価値に近いものへとグレード・アップしてゆくことになろう。もちろん，価値観は人によって異なるので，相手にとってのケーキ以下の価値しかないとして提供されるものが，自分にとってはケーキ以上の価値を有することもあり得るので，そういう場合には取引はめでたく成立する。しかし，相手から提供されるものが自分にとってもケーキ以下の価値しかなければ，そんなものよりケー

キがいいということになってしまい，双方ともケーキがほしいという状態が続くのである．

2 相手が分けて自分が好きな方をとるという方法

❏ どちらかが切り分け係になる方法

第6の紛争解決方法は，兄弟のうちどちらか一方が，ケーキを半分に分け，他方がまず好きな方を選ぶという処理である．これは，ここでの問題のような場合によく用いられる方法であり，ケーキを分ける担当となった者は，どちらが自分の物になっても不満のないように分けるであろうから，他方が選ばなかった残り物を受け取ることに不満はないはずである，ということを前提としている．

実際に，法律の中にもこれに似た発想を取り込んだものがある．それは，1982年の国連海洋法条約（日本については1996年に発効）が深海底の開発の方法として規定している方法である．条約に基づいて設立される国際海底機構（オーソリティー）のもとに深海底の採鉱活動を行う国際共同企業体としてエンタープライズを作るのであるが，現実には，深海底資源の有望な区域についての情報を持っているのは先進国の私企業であり，このエンタープライズにはその情報収集の技術的裏付けがなく，エンタープライズが独力で深海底の開発に当たるのは困難である．そこで，海洋法条約は，国際海底機構が事業計画を承認することを条件に私企業による深海底開発も認める代わりに，申請者（私企業）は，採鉱操業ができる十分な広さと商業的価値を有する2つの鉱区を国際海底機構に預託しなければならないこととし，エンタープライズはそのうち一方を選択して自らの開発区域とし（「留保鉱区」），残りの「非留保鉱区」を申請者が開

発するという仕組みを作ったのである（具体的には，国連海洋法条約の附属書Ⅲ第8条参照）。この規定の発想は，紛争解決において敗者を作らないというシチュエーションではないが，ケーキの分け方における第6の解決方法の発想と共通するものがあると言えよう。情報を持たない者が情報を持つ者に対して正直に情報を提供することを求めるのではなく（そのようなことを求めることは，正直であったかなかったかをめぐる将来の紛争の種を蒔くことになる），どちらが自分の物となるかわからないという状況の下で，利己心を活用して，エンタープライズの目的を達成しようとするものなのである。国際的な技術移転の法制度として今後も活用されるかもしれない。

❏ 双方が切り分け係になる方法

ところで，上記の方法でひとつ気になるのは，「兄弟のうちどちらか一方が」ケーキを切り分けるという点である。あなただったら，切り分け係をしたいであろうか，それとも選ぶ側にまわりたいであろうか。切り分け係の方も選ぶ側も，慎重さが要求される点では同じなのであるが，切り分け係は相手がどちらを選んでも自分が損をすることがないように慎重にナイフを入れることになるのに対し，選ぶ側は，どちらを選ぶと得をするかを慎重に考えることになる。つまり，切り分け係にはせいぜい損をしなかったという満足が与えられるのに対し，選ぶ側には得をしたという満足が与えられるのではあるまいか。このように考えると，「どちらか一方が」という点でまた紛争が生じるおそれもあり，この点で行き詰まっていつまでもケーキを食べられないという事態も予想される。

これを打開する方法は，ケーキを任意に2つに分け，兄弟がそれぞれその約半分のケーキについて切り分け係となる。そうして全体

として4つに分けられたケーキのうち、相手方の切り分けたうちから選んだ1つと、自分が切り分けたうちから相手方が選んだ残りの1つの合計2つが自分のものになるという方法を採用することである（最初に任意に2つに分ける際には、理論上はどちらが多くなってもかまわないが、大きな方についての切り分け係は上記の主観的満足度が少なくなるおそれがあるので、ほぼ同じ大きさにしておく方が望ましい）。

❏ 敗者を作らない紛争解決

　以上のように、この第6の方法は、紛争当事者の満足という主観を大切にするものである。客観的な公平が与えられることは一つの価値であるが、神ならぬ身では客観的事実を知り得ない以上、主観的な満足度は重要であるというべきである。一般に紛争解決において重要なことは、敗れた側が納得する理由を示すことである。裁判所の判決に結論（主文）とともに判決理由が付いていることは、ルールがわかりやすくなる（他のやや異なる事案についての同じような処理がなされるべきか否かの判断材料となる）というメリットがあるからだけではなく、敗訴当事者の納得が得られ、裁判に対する信頼を確保するという必要からも重要なのである。

　この第6の方法は、そもそも敗者を作らないという点がポイントである。法というものについては、ともすれば、勝者と敗者を決める道具というイメージがあるかもしれないが、現実の社会における紛争解決としては、敗者を作らない方法を用いることができればそれにこしたことはないのである。実際、紛争解決方法として最も多用されているのは、事の性質上統計はないが、話し合いの結果一定金額を支払うといった和解であることは明らかである。既述の調停や取引はその種のものである。当事者双方の満足度の和でみると、

この第6の方法は，調停や取引がうまくいった場合と同様に最も高いレベルにあると言えよう。しかも，この方法の強みは調停や取引と異なり，必ず決着をつけることができるという点にある。

3　3人で敗者を作らない分け方

では，次に，じゅん君とだい君に妹のまゆちゃんがいる場合，できることなら，敗者を作らないように，3人で1つのケーキを分ける方法について考えてみよう。

まず，誰か1人が，自分がどちらになってもいいようにケーキを2つに分ける。そして，残りのうちの1人が，その一方を選ぶ。この段階までは，ケーキを2人で分ける場合と同じであり，この2人はともに満足した状態にある。そこで次に，この2人は，それぞれ，自分の手元にあるケーキを3つに分ける。この場合も，クリームをあっちからこっちに移したりしながら調整して，その3つは自分にとって同価値であるように分け，その3つの中のどの2つが自分のものになっても不満がないようにする。そして，最後に，ここまでは見ているだけであった3番目の子が，それぞれ3つに分けられた2人の子の手元にあるケーキの中から，好きなものをひとかけらずつ選ぶ。こうして，各自，もとのケーキの3分の1を得ることになる。もちろん，客観的には正確に3分の1ではないが，各自自らの選択により主観的には平等に分けられている。もっとも，最後に選んだ子は，主観的には自分が一番大きいと思っているだろうけれども。

なお，最初から一番はじめの子が，主観的に3等分すればいいではないかとの疑問があるかもしれない。便宜のため，最初に分ける

子をじゅん君，そうして分けられた1つずつをA，B，Cと呼ぶことにする．確かにこのような方法でうまくゆく場合もある．残りの2人が，それぞれ違う2つを選ぶ場合，すなわち，だい君はAをまゆちゃんはBを選ぶ場合には，残ったCがじゅん君のものということになり，1回で解決がつく．また，だい君もまゆちゃんもAを選んだ場合にも，この2人がAの次にいいと考えるものについても意見が一致し，ともにBが2番目にいいという場合にはうまくゆく．つまり，じゅん君は残るCで確定し，その後，たとえばだい君が，AをへらしてBを増やす調整をして，だい君にとってAとBとが同価値になるようにし，その後で，まゆちゃんがそのうちの好きな方を選べばいいのである．ところが，だい君とまゆちゃんがともに一番いいものとしてAを選び，その次にいいものについて意見が分かれてしまった場合には，うまくゆかないのである．つまり，この方法はいつもうまくゆくとは限らないという欠陥を持っているわけである．なお，じゅん君が3つに分け，だい君がそのうち上位の2つA及びBを取り，だい君がその2つを調整して主観的に同価値とし，その一方をまゆちゃんが選ぶということでうまくゆくではないかとの疑問も持つ人のために付言すると，これは，結局のところ上記と同じことであり，だい君が2つを選ぶのを見ていたまゆちゃんが，最初の段階でだい君が取らなかったCがいいと思っていた場合には，まゆちゃんにとって満足のゆく解決とはならないのである．

　これに対し，まず2つに分けて，それから各々を3つに分けるという処理の方は，n人にケーキを分ける方法として，一般化できる．すなわち，P_1がまず2つに分け，P_2がそのうち好きな方を選び，それから，P_1，P_2それぞれが自分の手元にあるケーキを3つに分

け，P_3 がそれぞれから 1 つずつ好きなものを選び，さらに，そうやって P_1，P_2，P_3 にとって主観的に 3 等分された後，各自が自分の手元にあるものを 4 等分して，今度は P_4 がそれぞれから好きなものを 1 つずつ選び，さらに，……というように，$(n-1)$ 人が，各自の手元にあるケーキを n 等分して最後の 1 人 P_n が各々から 1 つずつ選択するまで，これを繰り返すのである．

＊　　＊　　＊

　もっとも，こんなにケーキをばらばらにしてしまうと，食べられなくなってしまいますが……．なお，みんなが切り分け係になるという一般的方法もひまがあったら考えてみて下さい．

問題 2

マンションのエレベータの修理

次の状況について，①, ②, ③の問いに答えなさい。なお，「建物の区分所有等に関する法律」という法律があり，これが本件には適用されるのであるが，以下の問いはこの法律の解釈適用ではなく，自分で解決策を考えてみることを目的としているので，この法律は存在しないものとする。

ある集合住宅（いわゆるマンション）において，エレベータが老朽化したため，新しいエレベータに取り替える必要が生じた。この建物は10階建てで，各フロアに1戸ずつ，計10世帯が入居しており，建物の専有部分のほかは，土地も含めて，各戸同じ割合による共有である。そして，エレベータの取替えに要する費用は，2000万円である。なお，このマンションには，規約はなく，また，修理のための積立金もない。

入居者が集まって議論をしたところ，次のような意見がだされた。

A（8階の人）「エレベータの取替えを実行するか否か，実行する場合の各戸の負担額が問題だが，多数決で決めればよい。過半数では問題があるとしても，5分の4の賛成があればいいであろう。そこで，提案するが，10階の人が全部の費用を負担して取り替えるということにしてはどうか。9階と10階の人で負担するということでもいいけれども，どうですか，Bさん」

B（9階の人）「10階の人だけで費用を負担して取替えを実行するというAさんの提案に賛成」

C（10階の人）「そのような決め方には反対する」

D（1階の人）「いずれにしても，私はエレベータを一度も使ったことがないし，これからも使わないから，費用を負担するつもりは全くない」

E（2階の人）「私もエレベータはめったに使わないし，これか

らは決して使わないことを約束するから、費用の負担はしない」

　F（5階の人）「そのようなことをおっしゃるのならば、私の家族は全員、健康のためエレベータは使わないことにしているので、利用する人達で費用を負担して取り替えればいいではないか」
……以下、混乱。

　1　Aさんの考え方に対する批判を述べなさい。

　2　D, E, Fさんの意見をどのように考えるか、あなたの意見を述べなさい。

　3　上記の1及び2を踏まえて、あなたが法律家として取りまとめを依頼されたとして、どのような内容の提案をどのような方法で決めるのが妥当だと考えるか、そしてそれがなぜ妥当であるのかについて説得力ある理由を述べなさい。

＊　　　＊　　　＊

すぐに次を読まないで、自分で考えてみることが大切です。

1　多数決の妥当する領域と妥当しない領域

　この問題は、多数の利害関係人の利益の調整、そういった場合の多数決という決定方法について考えてみようとするものである。

　法律のさまざまな分野を眺めてみると、本件のマンションの住人のように、多くの利害関係人が何らかの集団あるいは団体を形成していて、その中での利益の調整が求められる場面がいくつか目につく。その典型的な場合は、会社や労働組合などの団体の内部関係をめぐる法律問題である。ここでは、会社法の中から株主総会における多数決の濫用に関する法理を参考のためにみてみよう。株式会社

においては，株主総会における多数決で会社の意思が決定され（議決権を行使することができる株主の議決権の過半数を有する株主の出席により株主総会は成立し，その上で，その出席株主の議決権の過半数による多数決〔会社法309条1項〕，定款変更など重要事項の場合の3分の2以上，4分の3以上の多数決〔会社法309条2項から4項〕などがある），取締役によってそれが執行されることになる。しかし，あらゆる問題について多数決の原理が支配するとすれば，たとえば，株式の多数を保有する特定の大株主らが組んで，大株主だけに配当し小株主には配当しないといった決議案を株主総会に提出し，多数決で決定してしまうことまで許すことになってしまう。会社法831条1項が株主総会決議取消しの訴えを提起できる場合のひとつとして，「株主総会等の決議について特別の利害関係を有する者が議決権を行使したことによって，著しく不当な決議がされたとき」（3号）と規定しているのは，株主が自己の利益のために議決権を行使するのは当然であるので，法律上議決権行使ができないとされている場合（会社法140条3項等）を除き，特別に利害関係のある株主にも議決権行使を認め（利害関係があるからこそ自己利益のために行動したいであろう），ただ，その決議の内容が著しく不当であるときにそれを取り消すことができるようにしたものである。そして，その不当な決議の例としては，まさに少数派株主にとって不当な特別の不利益となるようなものであるとされている（龍田節『会社法』（第10版）180頁〔有斐閣，2005〕，前田庸『会社法入門』（第13版）416頁〔有斐閣，2018〕，田中亘ほか『会社法』（第4版）163頁〔有斐閣，2018〕）。

ただ，ある決定がなされた場合，厳密にみれば，それによって何らかの利益を受ける者と不利益を受ける者とが生じてしまうことは避けられないであろう。株主総会における多数決から，一般の法律

制定手続，すなわち，国家という団体の意思決定の場である国会における多数決に目を移してみると，国会を多数決によって通過する法律の中で，あらゆる国民にとって厳密に平等の効果をもたらすものの方がかえって少ないのではあるまいか。たとえば，税金に関する法律を例にとればこのことは明らかであろう。したがって，問題は特別の不利益の程度ということになる。

ちなみに，憲法95条は，「一の地方公共団体のみに適用される特別法は，法律の定めるところにより，その地方公共団体の住民の投票においてその過半数の同意を得なければ，国会は，これを制定することができない」と規定している。これは，特定の地方公共団体の住民にのみ不利益が生ずるような法律が国会の多数決によって制定されることを防ぐ趣旨である。ただし，これに該当する「地方特別法」は地方公共団体の本質に影響を与えるものに限られ，しかも，「例外ないし特例がきわめて軽い程度のものについては，おそらくこれを本条の適用から除く趣旨と解すべきであろう」（宮沢俊義〔芦部信喜補訂〕『全訂日本国憲法』776頁〔日本評論社，1978〕）とされ，この場合にも結局，特別であることの程度の問題とされているのである。

2 マンションの場合

さて，ここでの問題であるマンション住民の意思決定の問題に戻ろう。

まず，設問①について，Aさんの言っていることが，多数決原理の妥当しない領域に多数決を持ち込もうとしている点で不当であることは明らかであろう。単純な多数ではなく，5分の4以上という

加重した多数決ルールを採用しても同じことである。特別の不利益を受けるCさんの同意なくしては、たとえ決議をしたとしてもその決議は無効であると言うべきである。ただ、その場合、法律家としては、単に感覚的に不当で許し難いと言うだけでは失格である。そもそも多数決の原理は、投票の価値について平等であり（頭数の平等という場合と、出資割合などの持分の平等という場合とがある。公職選挙法における投票や国連総会の投票の場合は前者、会社の株主総会における投票や国際通貨基金における投票の場合は後者）、決定の結果について特定の者に利益・不利益とならないという条件が満たされた場合にのみ妥当するのであって、本件の場合には後者の条件を欠いているといった理屈を述べる必要がある。法律学は説得の学問なのだから。

では、設問②のD、E、Fさんの意見はどうであろうか。これは、多数決の原理の問題ではない。決め方ではなく、決める内容の問題であり、彼らに対する対応の仕方がそのまま設問③の最終的な判断に結び付くことになる。そこで、以下では、一緒にして考えてゆくこととする。

ただ、これを考える前に、日本の現行法の規定をみてみよう。

3 建物の区分所有等に関する法律

このエレベータの修理の問題は、言うまでもなく法律の知識を問うものではなく、各自の法的感覚に基づいて考えてもらおうとするものである。したがって、現行法の細かな規定は無視すればよいのであるが（問題にもそう明示してある）、この点について、「建物の区分所有等に関する法律」（区分所有法）をみてみると──、

同法 19 条は,「各共有者は, 規約に別段の定めがない限りその持分に応じて, 共用部分の負担に任じ, 共用部分から生ずる利益を収取する」と定め, また, 31 条 1 項は,「規約の設定, 変更又は廃止は, 区分所有者及び議決権の各 4 分の 3 以上の多数による集会の決議によってする。この場合において, 規約の設定, 変更又は廃止が一部の区分所有者の権利に特別の影響を及ぼすべきときは, その承諾を得なければならない」(傍点筆者) と規定している。すなわち, エレベータは「共用部分」にあたるから (4 条 1 項), その管理のための「負担」(取替え費用はこれにあたる) は, 持分割合に応じて負担するのが原則である。もっとも, この原則は「規約」で変更できるのであるが, その場合には「特別の影響」を被る者の「承諾」が必要となる。

　そして, この「特別の影響」を受ける区分所有者の「承諾」を要することを定めた理由について, 次のように説明されている。

　「規約で規律し得る事項は, 極めて広範であるため, 規約の設定, 変更又は廃止を多数決で決するものとすると, 多数者の意思をもって少数者の権利を害するおそれを生ずる。例えば, 共用部分の負担の割合や議決権の割合は, 原則として専有部分の床面積の割合によるものの, 規約で別段の定めをすることができるとしているので, 特定の少数者に著しく不利益な規約の定めをするおそれがある。また, 専有部分や共用部分の使用方法を規約で定めることができるが, 特定の者に不利益・不公平な定めをするおそれがある」(法務省民事局参事官室編・改正区分所有法の概要〔別冊 NBL 第 12 号〕28-29 頁〔1983〕)。そこで, 前述の 31 条 1 項はそのような弊害を除去することを目的としているのである。そして,「『特別の影響』とは, 規約の設定・変更等の必要性及び合理性とこれにより受ける当該区分所

有者の不利益とを比較衡量して，当該区分所有者が受忍すべき程度を越える不利益を受けると認められる場合である」(同29頁)とされている。

本件の場合の設問①については，上述の結論と同じく，Cさんの承諾がない限りAさんの言うような決定はできないということになる（ここでの決定は規約を設定することと考えてよかろう）。しかし，区分所有法に照らしても，設問②及び③についての明確な結論は得られない。単に，規約で別段の定めをしない限り，持分に応じて均等に負担するというだけである。

4 答案の分析

実はこの問題は筆者が法学の試験問題のひとつとして出題したことのあるものである。誤解を避けるためにあえて付け加えれば，筆者の場合，こういった問題とともに，もう少し普通の法学の問題も出題している（この年の場合，もう1問は，「実質が大切であり，具体的妥当性と法的安定性とのバランスのとれた結論であれば，条文に沿った形式的な理由づけはどうでもかまわない」という意見について論じなさい，という問題であった）。

さて，その時の学生の示した解決策はどんなものであったか。実際には極めて多様な意見があったのであるが，単純化すると以下のように分類できる。

約54％の答案は，1階から階が上がるごとに負担額が増え，10階の人が最も多く負担するという案であった。もっとも，この中でも，ほぼ半々に意見が分かれている。それは，1階の人に負担させるか否かという点についてである。すなわち，1階の人から順に，

負担割合＼階数	1:1:1:…:1	1:2:3:…:10	0:1:2:…:9
10	200万円	363万6400円	400万0000円
9	200万円	327万2700円	355万5600円
8	200万円	290万9100円	311万1100円
7	200万円	254万5500円	266万6700円
6	200万円	218万1800円	222万2200円
5	200万円	181万8200円	177万7800円
4	200万円	145万4500円	133万3300円
3	200万円	109万0900円	88万8900円
2	200万円	72万7300円	44万4400円
1	200万円	36万3600円	0円

(100円未満は四捨五入)

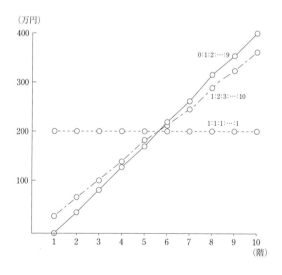

1：2：3：……：10という割合の分担とするか（この場合，1階の人の負担は約36万3600円，10階の人の負担は約363万6400円となる），あるいは，0：1：2：……：9として，1階の人の負担をゼロにするかという相違である（この場合，10階の人の負担は約400万円となる。ちなみに，6階以上の人は前者の分担方法の方が負担額が少なくて済み，5階以下の人は後者の方が負担が軽い。表及びグラフ参照）。そして，その理由づけは，エレベータの利用価値の高い人，すなわちエレベータを長い距離利用する人の負担を多くすべきであるというものである。その上で，1階の人についてこの理屈をそのまま適用して負担額ゼロとするものと，そうは言っても，エレベータは共有であるので一部の負担はさせるべきであるとかいった理由で利用価値の理屈に修正を加えるものとの対立があるのである。

これに対して，約35％の学生は，持分に応じて，すなわち本件の場合，均等に分担するという意見であった（各戸200万円の負担）。その理由は，エレベータがあることによってマンションの資産価値が高くなっているのであり，その利益はすべての階の人が均等に享受しているとか，共有物なのに利用しないというEさんやFさんは単に権利を放棄しているだけであり，共有物の維持管理費として持分に応じて均等に負担すべきであるといったものが目立った。

残りの少数の学生は，Dさんはもちろん，EさんやFさんの負担をゼロとすることを認めることを前提に，IDカードか暗証番号で本人の確認をしてエレベータの利用者をチェックできるようにして，費用負担をしない者の利用を禁ずるとか，階数に加え，家族の人数を考慮して，多数意見よりもより細かな差をつけた負担額にするといった意見であった。

いずれにしても，D，E，Fさんの意見を認めるものはごく僅か

であった。

そして，その決議案の採決の方法としては，全員一致を要するとする意見と多数決でよいとする意見とがほぼ半ばしていた。

5　筆者の見解

筆者個人の見解は，持分に応じた均等分担である。その理由づけは，以下の通りである。すなわち，マンションという集合住宅の性質上，1階の人がその購入価格でそこに住むことができるのは，垂直的に多くの人が住んでいるからであり，仮に上の階がなければ，とてもその価格では購入できなかったはずである。そして，上に他の9世帯に住んでもらうには，必然的にエレベータが必要であり，したがって，1階の人はたとえエレベータを利用しなくても，その利益を享受していることになるのである。また，付加的な理由づけとして，屋上，外壁，エントランス部分といった他の共用部分の修理の場合のことを考えると，エレベータについて必要の度合いといった尺度を導入することが先例となるとすれば，たとえば，屋上から雨漏りをしても10階以外の人には影響がないからといって他の人はその修理費用を分担しないことをも認めることになってしまう。このようなことを避けるためにも，やはりエレベータについても均等負担の原則を貫くべきであると言えるのではあるまいか。

もっとも，エレベータの運営費についてであるが，ドイツでは，持分比率に階数を乗じた割合で計算したり（持分が均等であるときには1：2：3：……：10となる），家族数，そこで営業している場合には出入りする顧客の数を係数化して負担割合を決めるといった例があるようである（丸山英気『区分所有法の理論と動態』377-379頁〔三省堂,

1985〕)。いろいろ考えてゆくと，議論は尽きないであろう。

　なお，決め方としては，結局，決議案が特定の階の人に特別の負担を強いるものではないことを条件に（上記の学生の意見はいずれもこの条件を具備していると言うべきであろう），多数決で決めるほかないのではあるまいか。ただ多数決といっても，過半数の賛成でよいとする単純多数決でよいのか，3分の2，4分の3，5分の4以上の賛成といった特別多数決を要するか，という議論がさらにあり得よう（規約のないマンションでこのようなことを決めることは「規約の設定」になるので，既述の建物の区分所有等に関する法律31条1項によれば，4分の3以上の賛成を要する）。

　もっとも，いずれの多数決方法を採用しても，複数の決議案が提出されて，どの案も過半数の賛成を得られないということも考えられる（それぞれの提案について，多数の者が他の提案の方がよいと考えて反対する場合，たとえば，10の提案がなされ，各自に最も有利な案が別々にあり，したがって，すべての提案が1対9で否決される場合）。

＊　　　＊　　　＊

　蛇足であるが，アメリカには，このようなトラブルで結局まとまらず，みんなが階段を利用しているコンドミニアム（日本でいうマンション）があると聞いたことがある。

　日本では，東京地裁平成5年3月30日判決（判例時報1461号72頁）において，エレベータの維持にその多くが費やされる管理費の負担を拒んだ1階の住人の主張が退けられている。

　また，不幸にも，1995年の阪神・淡路大震災後の修繕，建直し等をめぐって，建物の区分所有等に関する法律の適用が多くの事例で問題となってしまった。そして，その経験をもとに，大規模な火

災，震災その他の災害により滅失した区分所有建物の再建等を容易にして復興に資することを目的として，「被災区分所有建物の再建等に関する特別措置法」が制定された。その後，2011年の東日本大震災を経験して，マンションの解体，敷地の売却という重大な決定には区分所有者全員の同意が必要であったのを改め，一定期間に限り，5分の4以上の賛成でできるよう改正がされている。

問題 3

爆発装置付き金庫の偽物

金庫メーカーのA社は、勝手に扉を開けると爆発するという仕掛けについて特許を得た上で、この装置付きの金庫を発売したところ、評判となり、大きな収益をあげていた。これを見た別の金庫メーカーのB社は、そのような仕掛けをしていないにもかかわらず、A社の爆発装置と外見上似たものを付けた金庫（全体の形は異なる）を、そのような装置は付いていないことを明示した上で、A社の金庫よりも安い価格で売り出し、大きな収益をあげた。仕掛けがないのだから安く作ることができ、消費者としても泥棒が爆発装置付きだと誤信すれば金庫としての目的は達せられるからである。そして、このB社の金庫の発売の影響を受けて、A社の金庫の売上げはめっきり落ちてしまった。

　A社がB社に対して損害賠償を請求することを認めるべきであろうか。B社はA社の特許権はもちろん、デザインを保護する意匠権など知的財産権法上の特別の権利は侵害していないものとする。

　現行法上どうなるのかを知っているか否かを問うものではない。いかなる結論にせよ、それが説得力ある理由によって裏付けられているか否かが重要である。

　　　　　　　＊　　　＊　　　＊

すぐに次を読まないこと。

1　1920年代のアメリカでの実際の裁判

　これとよく似た事件が1920年代のアメリカで現実に起きている。この問題はそれにヒントを得て、一部手直しして作ったものである。

アメリカで争われた事件では、売主が消費者を欺いて商品を買わせている。そのため、ここでの問題とは論点が異なっているが、考察の出発点としてはむしろその方が適当であると考えるので先に紹介する（一部簡略化している）。

❏ 事実関係と当事者の主張

事実関係は以下の通りである。ニュージャージーの金庫メーカーの原告X社（Ely-Norris Safe Company）は、泥棒から金庫を守るための爆発装置（explosion chamber）について特許権を取得し、これを付けた金庫を製造・販売していた*。

> ＊どの程度の威力の爆発をするか不明であるが、まさか人を殺傷するようなものではないと思われる。なお、日本の特許法32条によれば「公の秩序、善良の風俗又は公衆の衛生を害するおそれがある発明」には特許は与えられない。

その好調な売行きに目を付けたニューヨークの金庫メーカーの被告Y社（Mosler Safe Company）は、同様の爆発装置を付けた金庫を売り出した。実は、Y社の製造・販売した金庫の中には、X社が爆発装置を金庫の扉に付けるために用いている金属のバンドと同じようなバンドを同じ場所に付けただけで、実際には爆発装置は付いていないものも一部あったのであるが、Y社は、このタイプの金庫も、顧客には爆発装置が付いていると偽って販売していた。

X社は、Y社の爆発装置付きの金庫に関して特許権侵害訴訟を提起する一方、爆発装置が付いていなかった金庫について、別途、訴訟を提起した。ここでの問題はこの後者の訴訟である。この訴訟で、X社は、この爆発装置の付いていないタイプの金庫については特許権の侵害がないとしても、Y社の行為は、爆発装置付き金庫を買い

たいと思っている顧客をだまして，バンドだけが付いた金庫を売りつけるものであって，それを買った顧客は本来であれば爆発装置が本当に付いているX社の金庫を買ったはずであると主張して，Y社の問題の金庫の販売差止めなどを求めたのである。

これに対し，Y社は，あくまでも自社のブランドで販売し，顧客にX社の金庫であると思い込ませることは一切していないのであって，説明と異なり爆発装置が付いていないことを理由に顧客が訴えを提起するのならばともかく，競争相手であるX社にはその点について訴える資格はないと反論した。そして，この主張を正当化する先例として，アルミニウム製の洗濯板を一手に生産していたメーカーが，亜鉛製であるのにアルミニウム製であると偽って洗濯板を販売した業者を相手取って起こした訴えを棄却した判例を示した。この19世紀末の判決では，確かに原告は被告の取引分だけ取引を失ったが，だまされたのは消費者であり，その代わりに競争相手のメーカーが原告となって訴訟を提起することは認められないと判示していたのである（American Washboard Co. v. Saginaw Mfg. Co., 103 F. 281〔6th Cir. 1900〕）*。

　*アメリカの判決では，原告の名前，対（v. とはversusの略），被告の名前という表記をする。古い映画であるが，「クレイマー，クレイマー」〔コロムビア映画，1979〕の原題は"Kramer vs. Kramer"であり，離婚訴訟であるために当事者の名前が同じになっている。また，この事件の判例集はFederal Reporter（F. と略す）であり，その103巻の281頁であることを示している。最後のかっこの中は，第6巡回区連邦控訴裁判所（連邦の高等裁判所にあたるもの）の1900年の判決であることを示している。

❏ 判　　決

　一審のニューヨーク南部連邦地方裁判所は上記の American Washboard 判決に基づいて X 社の訴えを棄却したので，X 社は控訴した。

　二審の第 2 巡回区連邦控訴裁判所（Circuit Court of Appeals, Second Circuit）は，以下のように判示して原判決を破棄し，X 社勝訴の判決を下した（Ely-Norris Safe Co. v. Mosler Safe Co., 7 F. 2d 603〔2nd Cir. 1925〕）。Y 社には消費者をだまして商品を販売したという責められるべき点があるので，問題は，そのことを理由に X 社が訴えることができるか否かという点にあった。裁判所は，前掲の American Washboard 判決は変更されてしかるべきであるとし，X 社を爆発装置付き金庫の唯一のメーカーであると認定した上で，Y 社の金庫が売れたのは爆発装置が付いているとの誤信が顧客にあった点にあるので，X 社は Y 社がその金庫の販売であげた利益分だけ損失を被っているとし，このことを理由に X 社は訴訟を提起することができると判示した。

　ところが，連邦最高裁判所は再び原判決を破棄し，Y 社勝訴の判決を下した（Mosler Safe Co. v. Ely-Norris Safe Co., 273 U. S. 132〔1927〕）。その判決理由は，確かに特許権を得た爆発装置付き金庫は X 社のものだけであるが，ほかにも爆発装置の付いた金庫は販売されているのであって，爆発装置の付いていない Y 社の金庫を爆発装置付きであると誤信して購入した顧客が必ずしも X 社の金庫を買うべき顧客であったとは言えないという点にあった。

　この連邦最高裁判決と二審判決とでは，X 社が唯一の爆発装置付き金庫のメーカーか否かという点で判断が異なり，連邦最高裁はこの点を根拠に原判決を破棄してしまっているが，他の爆発装置付き

金庫も存在するという前提に立っても，X社にはその市場シェアに応じた損害が発生しているので，その分だけの損害賠償は認めるという判断もあり得たのではあるまいか。いずれにしても，このアメリカの事件は，Y社が消費者をだまして自己の商品を販売した事例である。

2　社会常識による善悪の判断

　上記のアメリカのケースと比べて，ここでの問題のポイントは，B社は消費者をだましてはいないという点にある。B社は，消費者と一緒になって泥棒をだますという発想を商品化することによって，A社の特許権を侵害することなく，しかもコストを抑えることもできるわけであって，B社としては，してやったりというところであろう。しかし，A社にとってみれば，苦労して発明し製品化した爆発装置付き金庫を踏台にして利益を奪ったB社に対して法的措置をとることを検討するのが当然であろう。そこで問題は，法制度として，A社が被った損害をB社に賠償させるべきか否か，ということになる。

　健全な社会常識からみて，B社の行為は是認されるべきか否か。ここでいう健全な社会常識とは，通常の大人の常識的な判断である。これは，直感的に多くの人が持つ判断と一致することが多いであろうが，気のつかなかった観点からの説明を聞いて考え直し，直感的な判断とは異なる判断に至ることもあろう。たとえば新聞・テレビで何らかの事件についての裁判所の判決が報道されたときに，その結論だけを聞いて社会一般の人々は直感でそれに賛成か反対かの判断を持つが，判決理由あるいはその判決についての法律の専門家の

解説を聞き，なるほどと考えを改めることもあるのである。このような場合にも，健全な社会常識の枠内での判断であることに変わりはない。法律家が通常の大人を説得できるような常識の範囲内の根拠を示すことによって，直感を覆しただけである。言い替えれば，思慮深い判断が直感的な判断を覆したに過ぎない。いずれにしても，社会常識は重要であり，法的な判断はこのような社会常識から離れて存在すべきではない。法律家に広い視野と常識が要求されるのは，法律が法律家のためのものではなく，社会のためのものであるからである。

このような社会常識に照らして，A社を擁護すべきか，B社を擁護すべきか。

この問題を教室で提示して，何らの議論も説明もしないで直ちに結論について問うと，4対6程度でB社擁護論が優勢であった。これは，上記の直感による常識的判断を示していると言えよう。しかし，いろいろと議論した後にもう一度意見を聞くと，ほぼ5対5で，A社擁護論が数を増した。もっとも，この割合がそのまま一般社会の常識的判断を反映しているとは言えないことはもちろんである。現に，それ以前に筆者が試験問題として出題したときの答案をみると，9対1で圧倒的にA社擁護論が優勢であった。答案は直感で書くわけではなく，十分に考慮した上での思慮深い判断のはずである。他方，教室では説得的な理由を持つ意見が出ると，それに説得されて意見を変えそれを支持する人もあるので，孤独に悩む答案作成とは状況が異なる。したがって，答案における9対1と教室での上記の5対5という反応とを単純に比較するわけにもゆかない。

いずれにせよ，理由づけが大切であるので，次にそれを検討してから，再び結論を考えることにしよう。

3 理由づけ

　答案によると，A社の請求を認めるべきであると解する理由としては，A社の金庫あってのB社の金庫であり，B社の行為はアイディアを盗用した商法であって許しがたいといったたぐいの素朴な議論が多かった。要するに，B社はずるい，卑怯，卑劣，ただ乗りだという直感そのままで押し通すものが大半を占めている。しかし，このような素朴な理由づけは，単に「ダメなものはダメ」と言っているだけであって，直感ではそう思わない人に対しては説得的ではない。もう少し，多少はなるほどと思わせる理屈を考える必要があろう。

　では，B社擁護論としてはどのようなものがあるだろうか。答案によれば，B社は自由競争市場において賢く振る舞っただけであり，消費者の支持を受けており，A社が思い浮かばなかったアイディアで効果は同じで安い商品を作ったのだから，B社の金庫が売れてA社の金庫が売れなくなるのは当然であるとの意見，あるいはさらに踏み込んで，A社は自分で爆発装置なしの金庫も同時に販売すればよかったのだ，という意見などがみられた。これらの意見は，少なくとも前述のA社擁護論よりは理屈があり，素朴なA社擁護論ではこれに太刀打ちできないであろう。

　以上の議論は，B社はずるい悪者で許されないのか，ずる賢いだけで許されてしかるべきなのか，という対立であって，とりあえずは消費者の支持を受けているB社に軍配が上がることになろう。

　そこで，どうしてもA社を勝たせたいというのであれば，少し視点を変えた理屈を考える必要がある。それは，B社を保護するこ

とが安くて同じ効果を持つ商品の購入を可能とし，消費者の保護になる，という点を突き崩す理屈である。つまり，短期的にこの事件についてだけ考えると確かにそうであっても，長期的にこの事件の解決が社会に与える影響を考えるとそうではなく，この紛争において他人の発明にただ乗りすることを認めると，新しいものを発明するインセンティヴが社会から失われ，発明に熱心でなくなり，社会生活の進歩が阻害されることになりはしないか，という問題があることを指摘することである。このような理由を示したものは，220枚の答案のうち7枚ほどであった。A社擁護論の中では，この理由づけが最も説得的に思えたがどうであろうか。

4　別の例では

❏　からっぽの防犯カメラ

ところで，この問題と同じような事例として，たとえば，次の場合にはどうであろうか。

書店，スーパーなどの小売店舗で，万引防止などのため，カウンターから見えにくいところを写す防犯カメラを設置しているところがある。この防犯カメラは実際に作動するものである必要があるだろうか。防犯カメラの主たる効用はおそらくはその存在自体にあり，実際にそれで犯人を捕まえることは稀であろう。そうであるとすれば，黒か銀色のプラスチックか金属の直方体の箱に単なる丸いガラス板のはまったレンズらしきものと，スイッチやコードらしきものとを付け，発光ダイオードの赤いランプでも点灯させておけば，実際に映像が撮影できなくても万引防止の効果は期待できるだろう。仮に，このようなからっぽの防犯カメラを顧客にその旨公言して安

く販売する業者が現れ，それが売れ，従来の本物の防犯カメラの売行きが落ちた場合，本物の防犯カメラメーカー各社はその市場シェアに応じてからっぽの防犯カメラの販売差止め及び損害賠償を請求することができるであろうか。

筆者の友人の何人かの法律家に金庫のケースについて意見を求めた後（A社に保護を与えるべきであるとの意見が多かった），では，この防犯カメラのケースではどうかと聞くと，こちらの場合にはからっぽの防犯カメラメーカーを擁護する意見が多かった。どこにその違いがあるのであろうか。あるいは，区別すべきではないのであろうか。

最も大きな違いは，爆発装置付き金庫はA社の独自のアイディアであって，しかも特殊な商品であるのに対し，防犯カメラはカメラの機構などについては特許などで保護されるべき発明が詰まっているものの，かなりポピュラーな製品であって，そのメーカーも何社も存在する点である。しかし，他人の発明（または特許権者からのライセンス）に基づく商品の外形にただ乗りしている点では同じではないかとの意見もあり得よう。そうすると，仮にからっぽの防犯カメラメーカーに対する請求を認めないことが健全な社会常識に合致するとすれば，金庫のケースでA社を保護するという結論自体を考え直す必要があるのではないだろうか。

❏ どう考えるか

筆者としては，いまだに迷っているというのが正直なところである。一応は，この防犯カメラの場合は，犬を飼っていないのに「猛犬注意」とのプレートを門柱に貼ったとしても，犬の販売を業とするペット・ショップに法的請求権が与えられないのと同様のことだ

と考えているが、どうであろうか。そのような出題者にもよくわかっていない問題を試験問題として出題して学生を悩ませるとは何事か、という批判もあろうが、そのような問題であるからこそ試験問題にふさわしいと考える次第である。

なお、このような紛争が実際に日本で発生したらどうなるであろうか。

本件におけるB社は、他人の商品と同様の機能があるかのごとく連想させるデザインの商品を作り（したがって、たとえば、通話するという機能は同じでも電話器のデザインが各社異なるように、デザインを模倣する必要はない）、しかも消費者にはその機能はついていないことを明示して、自己のブランドで販売しているわけである。そのため、問題文にも書いてある通り、特許権、意匠権などは侵害せず、また、不正競争防止法（平成5年法律47号）2条1項各号のいずれにも該当しない（六法でこの法律を捜して読んでみること）。

そうすると、現行法の下では、一般的な不法行為に当たるか否か、すなわち、民法709条の下でA社のB社に対する損害賠償請求権を認めるか否かという問題となると解される。したがって、やはり一般論として考えざるを得ず、結論は将来の課題としたい。

*　　　*　　　*

「筆者としては、多少現実性がありそうな、からっぽの防犯カメラを売り出す業者の出現を待ち望むばかりである」と初版では書いたのであるが、その後、わが家に送られてくる通信販売のカタログの中に現物を発見した。今やポピュラーな商品なのかもしれないが、この商品をめぐって訴訟になったという話は聞いていない。

問題 4

イタリアからの子供の連れ去り

イタリア人女性であるXと日本人男性であるY_1とはイタリアのトリノで結婚し，その間に，長男Z_1，長女Z_2，それに次男Aが生まれた。この3人の子供は日本国籍とイタリア国籍とを有する重国籍者であった。

　夫のY_1はギターリスト，妻のXはピアニストであり，トリノで個人教授及び音楽学校の教師をして生計を立てていたが，性格の不一致に加え，互いに相手の仕事について理解を欠き，子供の養育方針についても意見を異にするようになり，次第に夫婦関係の円満を欠くようになった。このため，夫のY_1は精神的に疲労し，精神衰弱症状を呈し，治療や静養のため十分に働けない状態になってしまった。

　そこで，妻のXは，生活の安定のため，ミラノの音楽学校の教師に転職し，ミラノに借家をして，毎週月曜日から金曜日までは当時4歳の長女Z_2と1歳の次男Aとともにそこに滞在し，金曜日にトリノに戻り，また日曜日にはミラノに行くという多忙な生活をするようになった。

　夫のY_1は，子供たちの家庭生活に悪影響を及ぼすことなどの考慮からXのミラノでの仕事に反対した。また，父Y_1と2人だけでトリノに残される当時11歳の長男Z_1は，Z_2ら妹弟と別居することを痛く悲しみ，かつ，Y_1の病気の原因は母Xの無理解な生活態度にあると思い込み，Y_1に同情していた。また，長女のZ_2は，母とミラノで暮らすよりも，トリノで父や兄と暮らすことを欲していた。

　これに対し，Xは，Y_1の非協力的な態度に憤慨し，その神経衰弱症状は仮病ではないかと疑うに至り，激しい口論の末，離婚を決意し，トリノの裁判所に別居の訴えを提起した（イタリア離婚法3条2項bによれば，直ちに離婚訴訟を提起することはできず，

まず別居判決を得て5年間別居してはじめて離婚請求訴訟を提起できるとされている)。

この訴訟の審理が開始される直前，Y_1は秘かに日本への帰国を計画し，Xの不在中にZ_1及びZ_2に心情を打ち明け，同人らを連れて，身の回りのものを持って帰国の途についた。

そのため，トリノの裁判所は，Y_1の審尋をすることができないまま，別居を認めるとともに，別居期間中は3人の子供を母Xの監護下におく命令を下した。

来日したZ_1とZ_2は，Y_1及びその父母で子供たちの祖父母であるY_2（77歳）・Y_3（75歳）とともに生活している。帰国時には神経衰弱症状を呈していたY_1は，間もなく回復し，ギターの演奏活動及び個人教授をして一定の収入を得ている。また，Y_2・Y_3の駐車場経営による収入及び厚生年金等もあり，生活に困ることはない状態である。Z_1・Z_2についても，まず，トリノの小学校6年生であったZ_1は，当時は学業成績があまり芳しくなかったが，日本語の個人教授を受けていたため，来日後，居住地の小学校5年生に編入学し，現在は中学校1年生となり，成績はやや向上した。また，Z_2は，来日当時は日本語がほとんど理解できなかったが，保育園に入って間もなく習得し，現在，小学校1年生であって，成績はクラスの上位である。

他方，Xは，Y_1らのイタリア脱出直後から，手紙，電話でY_1と連絡をとろうとしたが，Y_1はこれに応じなかった。そこでついに，Y_1らがイタリアを脱出してから2年半後，XはZ_1・Z_2を取り戻すべく来日し，Y_1らの居住地に赴き，子供たちと面会しようとした。しかし，Z_1は祖母の勧めにもかかわらず面会を拒否して身を隠し，また，Z_2も会おうとはしなかった。両名とも，学校では友達に恵まれ，かつ，家に帰れば少なくとも祖父母は必ず在宅

しているという精神的に安定した日々を送っており，この状態が続くことを強く希望し，Xの許に行くことを嫌っているのである。

そのためXは，やむなく，子供たちを取り戻すため，Y_1・Y_2・Y_3に対する訴訟を提起することを決意し，日本の弁護士に依頼した。Xは，ミラノでピアノ教師として十分な収入を得ており，次男のAと2人暮らしであるが，Z_1・Z_2を引き取り，子供たちには専門的な音楽教育を受けさせたいと考えている。また，別居判決から5年が経過する約2年半後には，トリノの裁判所であらためて離婚訴訟を提起し，離婚と離婚後の子供たちの親権者を自分とする旨の判決を求めるつもりである。

さて，あなたがこの日本での子供の引渡し請求訴訟を担当する裁判官であったとしたら，どのような判決を下しますか。上記のうちどのような事情を重視して判決理由としますか。また，現在中学校1年生（13歳10ヵ月）の長男Z_1と，小学校1年生（7歳6ヵ月）の長女Z_2とで，判断の仕方を変えるべきでしょうか。

*　　　*　　　*

すぐに次を読まないで，自分で考えてみること。

1　心情を察すること

自分はまだ若く，配偶者もなければ，子供もいない，だから，このような問題はよくわからないと言う人がいるかもしれない。確かに，法律学は大人の学問である。しかし，そんなことを言っていたら，法律の議論はできない。実際，社会のあらゆる人間関係，その間の紛争を経験した大人などいないのであるから。罪を犯したこと

がなくても，刑法を理解しなければならないし，会社を設立したことも，経営したことがなくても会社法のことは理解しなければならない。伝聞であるので真偽のほどは定かでないが，かつて，特に債権法や物権法などの財産法に詳しいある高名な民法の先生が，同じく特に親族法や相続法といった家族法に詳しいある高名な民法の先生に，「独身でいらっしゃるのに，よく家族法をなさっていますね」と皮肉っぽくおっしゃったところ，「財産をお持ちでなくても，財産法がおできになるのと同じです」と切り返されたという話がある。

　要するに，これまでの人生で得たあらゆる情報をフルに動員して，紛争当事者の心情を察し，社会全体のあるべき秩序を考えることが必要なのである。そういった意味からも，法律の教科書や六法とばかりにらめっこするのではなく，日頃から広く視野を開いて，人間及びその集合体としての社会を見ていることが大切である。書物，新聞，テレビ，映画，人との対話，旅行などあらゆる体験が法的判断のバックボーンとなる。ただ，だからといって，自己の経験にそのまま基づく判断ではいけない。自己の経験を客観化し，社会に一般的に受け入れられるだけの客観性を備えていなければならない。また，一方，紛争当事者の心情を慮る余り，法的判断が社会一般に与える影響を見失ってはならない。たとえば，不法行為訴訟で，いくら被害を受けた原告がかわいそうであるからといって，ただやみくもに損害賠償を認めればよいというものではなく，一歩下がって視野を広くし，醒めた目でもう一度その判断の妥当性を考えることが必要なのである。健全な常識とバランス感覚のない人が法的判断をすることが，いかに社会にとって迷惑なことであるかをよく認識することが重要である。

2 最高裁昭和60年2月26日第3小法廷判決

問題文は，おおむね，実際にあった事件の事実関係を述べたものである。

❏ 人身保護請求

現在のわが国では，このような子供の引渡し訴訟は，人身保護請求という形で争われることが多い。これは，戦後，英米法上の人身保護命令（habeas corpus. これについては，田中英夫『英米法のことば』28頁〔有斐閣，1986〕参照）を導入した人身保護法（昭和23年法律199号）に基づく訴訟である。この法律は，「基本的人権を保障する日本国憲法の精神に従い，国民をして，現に，不当に奪われている人身の自由を，司法裁判により，迅速，且つ，容易に回復せしめることを目的とする」（同法1条）ものであり，本来は，不当逮捕などのような権力機構の横暴から裁判所が国民を救うための法律として制定されたのであるが，実際には，その迅速性の故に，夫婦間の子供の奪い合いにおいてしばしば利用されている（沼辺愛一「子の引渡」『現代家族法大系2』265頁〔有斐閣，1980〕，泉久雄「子の奪い合い」同『判例で学ぶ家族法入門』109頁〔有斐閣，1991〕など参照）。この事件でもそうであるが，この種の事件では時間の経過が重大な意味を持つからである。極端に言えば，時間が経てば子供は大人になってしまうのである。

ここでの事件も人身保護請求事件であった。この法律による請求が認められるためには，2つの要件がある。第1の要件は，問題の人が身体の自由を「拘束」されていること，第2の要件は，その拘

束が「違法」であること，である（同法 2 条）。

❏ 東京高裁判決

　第一審の東京高裁は（人身保護事件の第一審は，地裁でも高裁でもよい〔同法 4 条〕），以下の理由により，母親 X の請求を棄却した（昭和 59 年 10 月 31 日判決家庭裁判月報 37 巻 6 号 38 頁）。

　まず，長男 Z_1 については，「既に自己の置かれた状況について弁別するに足る意思能力を有し，X 側及び Y_1 側の……諸事情を感得した上，自らの意思で，Y_1 ら方に居住し，Y_1 らの監護に服しているものと認定するのが相当であり，したがって，右監護は『拘束』に該当しないものといわざるを得ない」とし，第 2 の要件の判断をするまでもなく，X の請求を棄却したのである。

　他方，長女 Z_2 については，幼い児童であるから意思能力を有していないので，Y_1 らに「拘束」されている状態であるとして，第 2 の要件の判断に移り，「来日後における Z_2 の監護環境は，以前のそれよりも良好なものであり，Y_1 らの監護養育のもとにおける Z_2 の生活は既に 2 年 7 か月余に及び，その間，精神的に安定した生活を営み，現在の家庭的，社会的環境に順応しているものといえるのであるから，いま，請求者に引き渡されることにより，Z_2 に生ずるおそれのある諸々の生活環境の急変に伴う心理的な動揺を避け，かつ，X と Y_1 間に今後不可避と思われる離婚に伴う親権者の指定等が最終的に結着するまでの間，父親の監護下での現状の生活を継続させることが，Z_2 の福祉により適うものということができる」ので，別居期間中，X を監護権者とする旨のトリノの裁判所の命令の存在を考慮しても，Y_1 らの Z_2 に対する拘束が「違法」であるとは言えない，と判示したのである。

❏ 最高裁判決

Xは上告して、次の3点を主張した。第1に、Z_1は現在13歳とはいえ、母親の愛情を誤解し、かつ、母親との接触を一切断たれた状態の下で父親への依存度を強めているのであって、そのような状況の下で形成された意思に基づく判断は危険であること。第2に、拘束の違法性の判断にあたって、子供を連れ去った状況及びXが母親であることを重視すべきであること。すなわち、本件におけるイタリアからの出国は、実力による子の奪い去りであり、しかもその時期はトリノの裁判所での別居訴訟の審理が開始される直前であって、一国の司法権に対する重大な挑戦であった。このようなことが認められれば、到底法秩序は保たれないであろう。また、一般に、愛情と経済力のある母親のもとでの生活の方が子供にとって幸福である。第3に、トリノの裁判所の命令は子の幸福にとってふさわしい監護権者を決定しているのであって、最大限尊重されるべきであること。原判決は「離婚に伴う親権者の指定等が最終的に結着するまでの間」現状を維持すべきであるとしているが、Y_1がイタリアでの裁判を拒否している以上、将来の離婚判決でもXが親権者に指定されるのは必至であって、そうなった段階であらためて子供をXに引き渡すことにより原判決の懸念する「生活環境の急変に伴う心理的な動揺」のおそれは一層大きくなるであろう。

最高裁は、上告を棄却した（昭和60年2月26日判決家庭裁判月報37巻6号25頁。この評釈として、道垣内正人・法律のひろば38巻5号71頁〔1985〕、中野俊一郎・ジュリスト857号126頁〔1986〕、織田有基子・国際私法判例百選（第2版）152頁〔2012〕など参照）。判決理由はごく簡単なものであり、上告理由の第1点及び第2点については、原審

の判断は正当というだけであり，第3点についても，「所論の命令は，民訴法200条にいう確定判決にあたらないから，原判決が右命令と異なる判断をしたことに所論の違法があるとはいえない」と判示したのである。ちなみに，上記の「民訴法200条」は現行民訴法118条と同趣旨の規定であり，一定の要件を満たす外国裁判所の「確定」判決のわが国での効力を認めるものである。

3 子の幸福という難しい問題

❏ 論　点

この種の子の引渡し請求事件では，裁判所は，請求する側，請求される側のどちらに「権利」があるかという観点ばかりではなく，後見人のような立場から子の幸福にとっていかなる結論がふさわしいかという観点から判断するという大変困難な任務を課せられる（この点の分析について，平井宜雄「幼児の引渡請求に関する一覚書」国家学会百年記念『国家と市民』3巻75頁〔有斐閣，1987〕参照）。

上記の事件で争われた点は，大きく分けて，第1に，13歳10ヵ月の子の場合，裁判所はあえて判断を示さず，本人の意思に任せるべきか否か，第2に，裁判所がその子にとって幸福となる結論を得るために考慮する場合，いかなる事情を重視すべきか，という2つの点である。

❏ 拘束の有無

第1の点について，裁判所は，裁判時に7歳6ヵ月の子は意思能力がないが，13歳10ヵ月の子は意思能力があるとし，後者については本人の意思を尊重している。しかし，中学校1年生とはいえ，

父親と母親のどちらを選ぶかを子供に決めさせることは妥当であろうか。このことは，単なる意思能力の問題ではなく，自分の人生に責任を持つことを要求できるか否かの問題であり，成年に達するまでは，その意思だけを理由に判決を下すことは避けるべきではないだろうか。もちろん，中学生くらいになればその意向を全く考慮しないわけにはゆかないが，それは判断の一材料にとどめ，同じ結論に至るとしてもその根拠は別の事情に求めるべきであると考える。自分が一方の親を選んだということが裁判所の判決という公文書にはっきりと記録されることは，選ばなかった親に対して将来にわたってその子の心を閉ざすことにもなりかねないからである。要するに，未成年者に自らの運命についての責任を負わせることは酷であると思われる*。

> *民法820条以下では，親権者の未成年の子に対する監護教育権，居所指定権，懲戒権，職業許可権，財産管理権などを規定し，成年に達するまでは一人前とは扱っていない。また，刑事事件でも，処罰されないのは14歳未満であるが（刑法41条），罪を犯した未成年者については，少年法により特別の手続が定められている。

❏ 子の幸福

第2の子の幸福を判断する際に考慮すべき事情については，本件では，原判決が① 現在の生活環境，② 2年7ヵ月に及ぶ監護の継続性，を考慮して現在の生活を継続させることが子の幸福に適うと判断したのに対し，上告理由では，③ イタリアからの連れ去り方がひどいこと，④ Xが母であること，⑤ イタリアでの裁判との関係を指摘し，母親に引き渡すべきことが主張されたが，最高裁は③及び④は判断を左右する事由ではなく，⑤もそれを無視したことに

違法はないと判示したのである。以下これらについて検討する。

① **現在の生活環境**　　子供らの祖父母の年齢（77歳, 75歳）を考えると, 現在の生活がそのままいつまで続くのか, また, 3人のきょうだいのうちの1人はイタリアにいるという事情も考慮すべきであろう。

② **監護の継続性**　　裁判所が最も重視したのは2年7ヵ月に及ぶ日本での精神的に安定した生活の継続という点である。Z_2 が4歳7ヵ月から7歳6ヵ月までという成長の重要な時期を日本で Y_1 らと過ごしていたということはほとんど決定的ともいえる事情と言うべきかもしれない。しかし, 将来イタリアで下される離婚に伴う親権者指定の判決を日本で承認するのであれば, 一刻も早くXに引き渡した方が子供のためとも言えよう（ただし, 後述の⑤参照）。

③ **連れ去り方**　　事案によっては暴力を用いた子の奪い去りもあるが, 本件では, 単なる無断連れ去りであり, 刑事罰が問題となるようなケースではない。しかし, このような連れ去り方を全く問題としないことは, 逆の親の側からの同様の方法による子の奪い返しを誘発することにもなりかねず, また, 本件ではイタリアの裁判を免れるための連れ去りという面もある。国際化の進んだ現在では各国の司法機関が協調しなければ法秩序の維持を確保できず, 他国の司法秩序の尊重という点も無視することはできないであろう。

④ **Xが母親であること**　　対象となる子がごく幼い場合には格別, 学齢期に達した子供の場合, 一般論として父親と一緒よりも母親と一緒の方が子の幸福に適うとは言えないであろう。

⑤ **イタリアでの裁判**　　民事訴訟法118条（旧200条）の解釈による形式的理由づけでイタリアの裁判所の子の監護権者の指定命令を無視してしまうことの妥当性には疑問がある。イタリアの法律で

は離婚に先立ち日本では要求されていない5年間の別居という制度があり、そのために本件でのトリノの裁判所の命令が5年間の暫定的なものとなっているのである。これが離婚とそれに伴う親権者指定の確定判決であれば違う結論になったのであろうか。各国で法制度が異なることを前提として国際的な法律紛争の円滑な解決を図る必要があるのであり、金融機関の合併に伴って異なるコンピュータ・システムを接続してうまく機能させるように、異なる法秩序間のインターフェイスが重要であることを認識すべきであろう。

なお、将来下されると予想されるイタリアの裁判所の離婚判決においてXが親権者と指定された場合、その判決に基づいて子の引渡しを請求できるであろうか。おそらく日本の裁判所はそれを認めないであろう。その時点では子供たちのイタリアでの生活はさらに困難になっており、到底子の幸福に合致するとは言えないからである。そして、その際の形式的な理由づけは、民事訴訟法118条3号の「日本における公の秩序又は善良の風俗」に反するということに求められることになろう（その後、現実にはイタリアの判決に基づく子の引渡し請求訴訟は提起されていない。この種の事件における時の経過は決定的な意味を持ってしまうということであろうか）。

以上、本件におけるさまざまな事情を検討してきたが、これらを総合評価して子供の幸福を判断することは極めて困難である。ただ、なんといっても、2年7ヵ月も経ってからの引渡し請求であった点がXを不利にしている点は否めない。

4 国際条約

国境を越えて連れ去られた子供の引渡しを請求するという事件は

わが国でもかなり昔からあり（大審院大正6年5月23日判決民録23輯793頁，最高裁昭和53年6月29日判決判例タイムズ368号206頁），今後も増加が予想される。また，外国でも多くの事件が発生している。その種の事件では，できるだけ早く原状に戻すことが大切であるにもかかわらず，国際的な事件ではその点が必ずしもスムーズではないため，迅速な原状回復のための国際条約の必要性が認識され，たとえば，ハーグ国際私法会議は，1980年に「国際的な子の奪取の民事面に関する条約（Convention on the Civil Aspect of International Child Abduction）」を採択し，1983年に発効している。日本の批准は随分出遅れたが，2014年に批准しており，2018年末現在，締約国数は99ヵ国に達している。この条約は，子の所在地で奪取から1年以内に手続が開始された場合には，即時に連れ戻しを命じなければならないとし，それ以後に手続が開始されたときは，その子が新しい環境に順応していることが証明されるか否かをメルクマールとしている。このことは，ここでの問題を考える上でも，参考となろう（織田有基子「『子の奪取に関するハーグ条約』の実際の適用と日本による批准の可能性」国際法外交雑誌95巻2号171頁〔1996〕，早川眞一郎「国境を越える子の奪い合い(1)」名大法政論集164号49頁〔1996〕参照）。

＊　　　＊　　　＊

子供の連れ去りに限らず，最近はほとんどあらゆる法律問題が国境を越えて発生している。ひとりでも多くの人たちが国際的な法律問題に関心を持ち，日本法の国際化を考えてもらいたいものである（ジュリスト1232号〔2002〕の「日本の国際化」に関する特集参照）。

問題 5

好意同乗者に対する損害賠償責任についての法律を作る

> 　好意で（対価なしに）自動車に同乗させてもらった者は，事故が発生し損害を被っても，運転者に故意又は重大な過失のある場合を除き，たとえ運転者に通常の過失があっても，運転者に対しては損害賠償を請求することができない旨の立法をするプランがあるとする。この場合，考えられる立法理由，すなわち，この立法によって実現しようとする法政策と，それに対して予想される反対論を述べなさい。
>
> 　　　　　　　　　　＊　　　＊　　　＊
>
> 　すぐに次を読まないで，自分で考えて，この立法に賛成する理由と反対する理由とを書き出してみて下さい。

1 失火ノ責任ニ関スル法律

　民法709条は，故意又は過失によって他人の権利を侵害したときには損害賠償責任を負うと定めている。ところが，これには例外があって，明治32年に制定された「失火ノ責任ニ関スル法律」によれば，「民法第七百九条ノ規定ハ失火ノ場合ニハ之ヲ適用セス但シ失火者ニ重大ナル過失アリタルトキハ此ノ限ニ在ラス」と規定されている。この法律が特別に制定された理由については，「木造家屋の多いわが国の実状や，天候や消防状況などの偶発的事情の如何などによっては損害が意外に拡大することがあり，また火事は失火者自身の財産も焼失してしまうのが普通だから人それぞれに注意を怠らないのが通常であって，過失について宥恕すべき事情のある場合が少なくないことが考慮された」（幾代通〔徳本伸一補訂〕『不法行為

法』74頁〔有斐閣，1993〕）と説明されている。また，失火の場合，今日の被害者も明日は加害者になるかもしれないという運命共同体的な理由づけもありえよう（失火責任法の立法理由等について詳しくは，澤井裕『失火責任の法理と判例』3頁以下〔有斐閣，1989，増補版，1990〕参照）。

　これに対して，自動車事故の場合はこのような例外は認められていない。むしろ，その運行の危険性を根拠に，自動車損害賠償保障法（昭和30年法律97号）により，「自己のために自動車を運行の用に供する者」（運行供用者と呼ばれる。その認定については多くの判例がある）は，「自己及び運転者が自動車の運行に関し注意を怠らなかったこと」，「被害者又は運転者以外の第三者に故意又は過失があったこと」，並びに「自動車に構造上の欠陥又は機能の障害がなかったこと」，以上をすべて証明できなければ（この証明が認められることは稀である），自動車事故について賠償責任を負うこととされ（同法3条），その責任は加重されている。そして，これを前提に，「自動車損害賠償責任保険」（いわゆる自賠責保険）が締結されている自動車でなければ運行の用に供してはならない，とされているのである（同法5条）。

　確かに自動車は道路を通行している人などにとっては一方的に危険なものであり，自動車事故全般について失火責任法のような立法をすることは明らかに妥当性を欠くであろう。しかし，同乗者に対する責任については，運転者自身も同じ自動車に乗っているのであるから，事故を起こさないように注意を払うのが通常であり，また，損害の程度はガードレールの有無などの道路状況に左右されるという点で，上記の失火責任法の立法理由がそのまま当てはまるのではないかとの議論の余地があろう。もちろん，バスやタクシーに対価

を払って乗っている人は安全を買っているわけであり，これらの人に対しては別である。このように，有償の場合と無償の場合とで注意義務の程度を変えることは他にも例がある。たとえば，不法行為の場合ではないが，有償で物を預かる場合には「（契約その他の債権の発生原因及び取引上の社会通念に照らして定まる）善良な管理者の注意」をもって保管しなければならないと定める民法 400 条（かっこ内は 2020 年 4 月施行の改正法による追加）と，無償で預かる場合には「自己の財産に対するのと同一の注意」で足りるとする民法 659 条とはこの例である。

2　好意同乗者についての裁判例

ところで，好意同乗者に対する責任を制限するような法律のない現在，実際の裁判ではどのような判断が示されているであろうか。古い裁判例であるが，名古屋地裁昭和 44 年 8 月 8 日判決（判例時報 570 号 71 頁）は次のような事案である。被告の運転者（男性）は，前夜には深夜映画を見て睡眠不足であった上に，当日の夜，たまたま知り合った女性らと飲酒した後，その女性らと別の男友達を誘って，深夜，名古屋から京都まで名神高速道路をドライブしていたところ，仮眠状態に陥り先行のトラックに追突するという事故を起こしてしまった。この事故により後遺症が残るほどの傷を負った事故当時 17 歳の女性は，この運転者に対して損害賠償請求訴訟を提起した。裁判所は，「運転者の好意により自動車に同乗した者がその自動車の事故によって損害を蒙った場合，その者の運転者に対する賠償請求は，同乗者自身において事故発生の危険性が極めて高いような状況を現出させたり，あるいはそのような客観的事情が存する

ことを知りながらあえて同乗した場合とか，事故が発生しても賠償請求をしない旨の明示の特約があった場合（もっともこのような特約の有効性にも限界がある）等具体的な事案について，運転者に責任を負わせることが公平の観念に反する場合に限って否定されるものと解すべきである」とし，本件ではこのような特別の事情はなく，確かに事故を起こした車の運行は原告自身のためにも利益になっていたものと言えるが，「この一事をもって民法709条に基く不法行為責任を否定する理由とはなりえない」と判示している。ただし，裁判所は，一緒に飲酒し，深夜の運転を阻止することもなく同乗し，自らは安閑として乗車後眠ってしまうといった原告の行動は，事故の危険を高めたとして，これを損害賠償額の算定について重視し，慰謝料として40万円と弁護士費用として4万円の賠償だけを命じている（詳細は判決文からは不明であるが，財産的損害の賠償請求はしていないようであり，また，民法722条2項の定める過失相殺にも言及してはいない）。なお，原告は被告運転者の勤務する会社に対しても運行供用者（前述）としての責任を追及していたが，こちらの請求は棄却された。

このように，妥当な結論に至るための法解釈の末の最後の調整として，損害賠償額の算定の段階で斟酌するというテクニックは裁判所が時々用いるものであり，この種の好意同乗者からの損害賠償請求についてのある種の割り切れなさが反映されているようにも思われる。

なお，判例によれば，好意同乗であるという理由だけでは損害賠償額の減額は行わず，① 無免許，飲酒等により運転者が事故を起こす危険性が高いことを知りながら同乗したという「危険承知型」，② 同乗者が運転者のスピード違反や蛇行運転をあおったり，ハン

ドル・ブレーキの操作を妨害したりして，事故発生の危険性を高めたという「危険関与・増幅型」，③ 同乗者が車の所有者であって交替で運転しているといった場合のような「共同運行供用者型」，以上のような場合に限定して過失相殺を行っているとされている（桃崎剛「好意同乗及び同乗者のヘルメット・シートベルト装着義務違反における共同不法行為と過失相殺」判例タイムズ 1214 号 4 頁〔2006〕）。

3 解 答 例

上記の問題は筆者がかつて実際に法学の試験問題として出題したことのあるものである。そこで，その際の解答例を紹介することとする。もともと，この問題には正解はなく，採点基準は，発想が豊かで筋道の通った解答であるか否かにある。

❏ 賛 成 論

立法に賛成する理由として最も多かったものは，好意というものが大切にされて円満な社会になるというものであった。これは，出題当時の状況として，いわゆる「隣人訴訟」がマスコミで取り上げられていたことが影響しているかもしれない。これは，3 歳 4 ヵ月の幼児 A が同じ幼稚園に通う友達 B とともに，当日大掃除をしていた B の自宅付近で遊んでいたところ，買物に出かける途中の A の母親が B 方を訪れ，A を連れてゆこうとしたが，A がこれを拒んだことから，B の父親の口添えもあり，A の母親は A をそのまま遊ばせておくこととし，B の母親に，「使いにゆくからよろしく頼む旨を告げ」，B の母親も，「子供達が 2 人で遊んでいるから大丈夫でしょうといってこれをうけた」のであるが，A が近くの池で溺死す

るという事故が発生してしまったという事案をめぐる訴訟である。Aの両親がその「隣人」を相手取って損害賠償請求訴訟を提起したことをめぐって、このような思わぬ事故のため、好意で他人にしてあげたことが、結果的にあだになってしまった場合に、損害を被った側が好意を提供してくれた人に対する訴訟を提起するということの問題が広く議論されていた時期であったのである（この訴訟についての津地裁昭和58年2月25日判決判例時報1083号125頁をはじめ、この問題については、星野英一編『隣人訴訟と法の役割』〔有斐閣，1984〕参照。同書48-50頁でも好意同乗の場合との比較が論じられている。また、小島武司ほか『隣人訴訟の研究』〔日本評論社，1989〕も参照）。

　そして、この好意が法的に損害賠償請求を排除するという形で評価されることの結果、安心して他人を車に乗せることができるようになり、このことは、社会全体で車の数の減少、エネルギー消費の減少、交通渋滞の緩和、大気汚染の減少といったプラスの効果をもたらすとの指摘もあった。

　また、通常、運転者自身も損害を被り、場合によっては、車の外の人に対して責任を負わなければならないのだから、その上、好意で乗せた同乗者に対してまで責任を負わせるのは酷であるとの指摘もあった。

　その他、他人の車に好意で乗せてもらうときには、事故があっても法的手段にまでは訴えないという黙示の合意、あるいは同乗する側の一方的な将来の損害賠償請求権の放棄があるというべきだという意見とか、同乗者は前記の判決にあるように安閑として乗っていられなくなり、自ら交通事故が起こらないように気を配り、運転者の補助、さらには監視をするようになるであろうから、交通事故が減少するというなかなかユニークな意見などがあった。

❏ 反対論

 これに対して，立法に反対する理由としては，まず，どういう条件を備えていれば好意同乗者ということになるのか実際に判断することは困難であるとの指摘があった。たとえば，そのときには無料で乗せてもらっているかもしれないが，いずれ別の機会に何らかの形でお返しをする場合，運転者の側がかつてのお礼という意味を込めて好意で同乗させている場合，さらには，強引に誘われて同乗している場合など，どこに線を引くのか明確ではなく，法律の運用に困難をきたすというわけである。

 また，いくら好意で乗せてもらっているとはいえ，事故で怪我をさせられても文句は言いませんとは言っていないとの意見，自動車という危険なものを運行している以上，運転者には一切の過失が許されないという意見，損害を被った同乗者には何の落ち度もないのに，過失のある運転者に何も請求できないというのは妥当ではないという意見などがあった。さらに，昨今の保険金殺人事件からの連想であろうか，交通事故を装った同乗者に対する殺人事件が起こるという意見もあった。故意の事故であっても，死人に口なしというわけである。

 さらに興味深いのは，このような立法をすると自動車が増えるという指摘及び交通事故が増えるという指摘である。これは，上記の立法賛成意見の中にあったものと完全に逆の推論である。まず，自動車の増加は，今までは同乗していた人達が，もう安心して同乗することができなくなり，他人よりも自分を信頼して自ら運転をするということによって生ずるとされ，また，交通事故の増加は，運転者が同乗者に対する責任から解放されて乱暴な運転をすることになるということによって生ずるとされている。理屈はどのようにもつ

くものである。

❏ 責任保険との関係

　なお，残念ながら答案の中にはなかったが，保険制度との関係で好意同乗者法を評価すると，次のように言えるのではあるまいか。保険によってリスクをヘッジすること，つまり，将来の予測不可能ながらも確率的には起こり得る事故というリスクに備えて，そのリスクを共通に持っている人達があらかじめ保険料を保険会社に支払っておき，不幸にして事故が起こった人には，保険会社から保険金が支払われるという形で，そのリスクを保険会社に肩代わりしてもらうことは，現代社会では広く普及している。

　この保険制度の活用を考慮すると，仮に好意同乗者に対する運転者の責任を制限する法律が制定されると，好意同乗者の被るおそれのある損害はその人自身が負担することになるため，このリスクをヘッジするためには，その人自身が保険会社と契約して保険料を支払わなければならない（損害保険契約）。しかし，好意で他人の自動車に乗るということは定型的・定期的なことではないため，リスクを同じくする集団として捉えることは困難であり，すべての人が保険を掛けることは，同乗することの多い人とそうでない人との間に不公平が生じるため，利用しにくい保険となり，結局は，めったに同乗しないと考えて保険契約を締結していない人がたまたま同乗中に事故にあうことも生じてくるであろう。

　これに対し，好意同乗者に対しても運転者が責任を負う法制度の下では，当然，運転者が保険契約を締結し，自分が責任を負うことになった場合のリスクをヘッジすることになる（責任保険契約）。自動車の運転に定型的に伴う事故に備えるこの保険は制度として合理

的であり,現在では広く普及している。そして,国も,運転者の最低限度の責任負担能力を確保すべく,少なくともいわゆる自賠責保険は掛けておくよう法律で強制している（自動車損害賠償保障法）。つまり,好意同乗者に対しても運転者は責任を負うという法制度の方が,保険制度を活用しやすいというメリットがあると考えられるのである。

ただし,保険との関係では,次に述べるアメリカではかつてこれと異なる議論があった。

4 アメリカ各州における Automobile Guest Statute の制定と廃止

アメリカでは,実際にこの好意同乗者法をめぐって禁酒法の運命に似たひとつの歴史がある（PROSSER AND KEETON ON TORTS, 215-7〔5th ed. 1984〕の文献参照。特に,Note, The Present Status of Automobile Guest Statutes, 59 Cornell Law Review 659〔1974〕は簡潔でわかりやすい）。

1927年のコネチカット州・アイオワ州の立法を皮切りに,その後の12年間にアメリカの半数以上の州が,州によっては,船舶・航空機を含めて,好意同乗者は運転者に重大な過失のある場合を除いて,運転者には損害賠償を請求できないとする法律を制定したのである。その際の立法理由とされたのは,好意の保護（hospitality protection）と保険の濫用であった。前者は,当時のアメリカで増えていたヒッチハイクを例にして,「飼い主の手を嚙む犬」のようなことは抑制されるべきであるとの議論であった。そして,特に好意を提供した運転者が責任保険を掛けていない場合に生ずる過酷な事態を強調したのである。他方,後者の保険の濫用の点は,責任保険

を掛けている運転者の場合，同乗者に賠償の支払をすることは苦にならないので，訴訟において運転者は自己防衛に熱心でなくなり（場合によっては偽証をして），その結果，保険会社は支払わなくてもよいはずの保険金まで支払うことになるため，最終的には保険料が高騰することになるというものであった。以上の議論に基づく保険会社のロビー活動が成功をおさめたのである。その他，自動車の相乗りが増えるというメリットや，自動車時代に入って急増している自動車事故をめぐる訴訟が減少し，裁判所の負担軽減になるという点も指摘された（ちなみに，アメリカの自動車時代は1920年代に加速がつきはじめ，1932年の自動車事故による死者は3万人を超えていた）。

しかし，立法直後から多くの批判がなされた。(1) 裁判上，「同乗者（"guest"）」，「重大な過失（"reckless" "wanton" など州によって文言が異なる）」などの文言の明確な解釈適用は困難であり，同様の事案であるのに結論が異なるという不安定な状況となって裁判外での解決ができなくなり，かえって訴訟が増加することになってしまうこと（裁判所へ行けばどういう結論になるかがわかっていれば，その線で和解がなされやすい），(2) 立法当初とは異なり，自動車への同乗は特別の便宜供与ではなくなっていること（かつては，"special gift of health and pleasure" であった），(3) 現在では責任保険が普及しているため運転者に責任を負わせても好意に基づく同乗申出は減少しないこと，(4) 立法の際にはヒッチハイカーの例が多く用いられたが，実際は友人など知合いが同乗することの方がずっと多く，その場合に保険金が支払われないのは社会感情にそぐわないこと，(5) 不法行為法上，被害者救済が重視されるようになり，また，保険の社会的役割として，被害者に対する補償の面が強調されるようになったこと，(6) 加害者と被害者とがなれあい訴訟で偽証をするようなこ

とは現実には稀であり，それに対しては別の法的制裁で対応できること，などの指摘である。

そして，ついに，1969年，ヴァーモント州が好意同乗者法を廃止したのをきっかけとして，1970年代には立法していた州の多くがそれぞれの法律の廃止又は適用の限定をするに至ったのである（ただし，最初に立法したコネチカット州はずっと早く1937年には法律を廃止していた）。そして，現在ではごく少数の州が立法しているだけという状況になっている。

以上のように，アメリカにおける立法の経緯や議論を全く知らないで答案用紙に向かった日本の学生の意見との間には，時代と空間を超えて多くの点での共通性がみられる。外国の法律を調べてみることの面白いところである。

5 法律を作ってみることの意味

自分で好意同乗者法の制定が社会に与える影響を事前に予測するという作業をしてみると，立法者の気持ちが少しはわかるのではないであろうか。社会科学の場合，実験をしてみるというわけにはゆかない。また，たとえ，好意同乗者法を実際に制定してみて，交通渋滞の状況の変化をグラフに書いたところで，他の条件を同じにして比較ができるわけではなく，そのときのガソリン価格，経済状況，交通法規の内容，社会の車の使い方についての考え方など時代のあらゆる条件が違う以上，その法律が社会に与えた影響を正確に把握することはできないのである。したがって，立法に際しては，さまざまな角度から社会がどのような反応をするか想像力をたくましくしてシミュレーションしてみなければならない。その予測について

は，客観的な正解はあり得ない。説得力ある根拠を示して，論理的に説明することが必要なのである。

＊　　＊　　＊

　与えられた法律の解釈に終始するのではなく，たまには自分が立法者になったつもりで法というものを考えてみることは，新しい視点に立って法を眺めてみることであり，法を理解する上で重要なことではあるまいか。そして，もっと時間があれば，既存の法律を参考にしながら自分で法律を起草してみれば，法律の文言の使われ方がずっと身近に感じられ，条文の読み方も変わってくることであろう。

　なお，立法学については，大村敦志『法源・解釈・民法学』〔有斐閣，1995〕，大森政輔＝鎌田薫編『立法学講義』〔商事法務，2011〕，大島稔彦『立法学——理論と実務』〔第一法規，2013〕，中島誠『立法学——序論・立法過程論』（第3版）〔法律文化社，2014〕等参照。

問題 6

シャガールの絵の行方

1932年，ベルギーのブラッセルに住んでいたメンツェル夫妻は，オークションで，シャガールの絵画「農夫とはしご（Le paysan à l'échelle)」を3800ベルギー・フラン（当時の換算で約150ドル）で購入した。

　1941年3月，ナチス・ドイツの侵攻の直前，メンツェル夫妻は絵を自宅に置いたまま命からがらブラッセルを脱出し，この絵は「退廃的ユダヤ芸術」として没収されてしまった。

　アメリカに逃避したメンツェル夫妻は戦後直ちにこの絵を捜し始めたが，その行方はわからなかった。

　1955年7月，ニューヨークの有名な画廊パールズ・ギャラリーは，パリの大手の画商からシャガールの「ヤコブのはしご（L'échelle de Jacob)」と題する絵画を2800ドルで購入し，同年10月，著名な絵画コレクターであるリスト氏に4000ドルで売却した。

　1962年11月，未亡人となっていたメンツェル夫人は美術雑誌にリスト氏所蔵として紹介されている「ヤコブのはしご」が捜し求めてきた「農夫とはしご」であることを発見し，リスト氏にその返還を求めた。しかし，拒否されたため，メンツェル夫人はリスト氏に対する返還請求訴訟を提起した。そこで，リスト氏は，パールズ・ギャラリーに対して，メンツェル夫人との訴訟に負けた場合には，その被った損害をパールズ・ギャラリーが補償すべきことを求める訴訟を提起した。

　なお，この絵画の売買にあたって，パールズ・ギャラリーもリスト氏もそれがメンツェル家から奪われたものであることは全く知らなかった。また，この絵画の訴訟時の価値は，鑑定により2万2500ドルであるとされている。

　さて，この三者間の紛争をどのように解決すべきであろうか。

> ＊　　＊　　＊
>
> すぐに次を読まないで，自分で考えてみて下さい。

1　ニューヨーク州の裁判所の判決

　この訴訟は，ニューヨークの州裁判所で実際に争われたものである。判決は一審，二審，最高裁と二転している（Menzel v. List, 267 N. Y. S. 2d 804〔1966〕; 279 N. Y. S. 2d 608〔1967〕; 298 N. Y. S. 2d 979〔1969〕）。

　一審では，シャガールは同じ絵を複数描いていたので，「農夫とはしご」と「ヤコブのはしご」は別のものであるといった事実関係をめぐる争いの他，法律問題としても，① 時間の経過により，もはや出訴できないと言うべきか，② ブラッセルから脱出したことがその絵画の所有権の放棄と言えるか，③ 戦利品としての没収として，ナチス・ドイツに合法的な所有権移転があったと言えるか，④ 外国国家がその領域内でした行為の違法性についての判断をしないという法理（act of state doctrine）が適用されるケースであるか，などが争われたが，いずれも原告に有利に判断され，次のような判決が下された（一部簡明にしてある）。

　「1. リスト氏は絵をメンツェル夫人に返還すること，

　　2. パールズ・ギャラリーはリスト氏に絵の現在の価格である 2 万 2500 ドルを支払うこと」

　これに対し，第二審裁判所は，この第 2 の点を次のように変更した。

　「2. パールズ・ギャラリーはリスト氏に販売価格である 4000 ド

ルに販売時からの利息をつけて支払うこと」

ところが、ニューヨーク州最高裁は再びこれを破棄し、一審判決と同じ結論を示したのである。

2 日本民法の規定

では、日本で同様の紛争が発生した場合にはどのように処理されるであろうか。以下のように、上記のニューヨークの裁判所での解決とは発想を異にする解決が与えられるのである。

まず、民法192条は、動産を平穏・公然・善意・無過失で取得した場合は直ちにその動産に対する権利を取得すると定めている。これは、相手方が無権利であることを知らないで、かつ、知らないことについて過失なく、無権利者と取引をし、動産の占有を得た者は、その動産についての権利を取得する（即時取得）、という意味である。しかし、続く193条は、その例外として、その動産が盗品又は遺失物であるときは、盗難又は遺失の時から2年以内であれば、盗難の被害者又は遺失者（元の持ち主）はその回復を請求できると規定している。そして、さらに、194条は、その動産を占有している者が、それを競売もしくは公の市場で又はそれと同種の物を販売する商人から善意で買っていた場合には、この占有者がそれを取得する際に支払った代価を弁償しなければ元の持ち主はそれを取り戻すことは

できないと規定している（自分で条文にあたってみること）。

すなわち，これをシャガールの絵の事件に当てはめると，盗難の時から既に21年も経っている以上，メンツェル夫人はその絵を取り戻すことはできず，その請求は棄却され，リスト氏もパールズ・ギャラリーも安泰ということになる。

3　それぞれの処理方法の比較検討

❏　3つの解決方法

以上，3つの紛争解決方法を紹介した。第1は，メンツェル夫人は絵を取り戻し，絵を失ったリスト氏はパールズ・ギャラリーから購入価格である4000ドル（プラス利息）を受け取るという処理，第2は，メンツェル夫人は絵を取り戻し，絵を失ったリスト氏はパールズ・ギャラリーからその絵の現在価格である2万2500ドルを受け取るという処理，第3は，メンツェル夫人にはあきらめてもらうという処理，以上3つである。さらに，本件ではドイツによる没収が21年前のことであり，パールズ・ギャラリーの購入時からでも7年が経過しているところ，取引から2年間が経過しているか否かで解決を異にしているわが国の民法194条を参考にすると，第1，第2の解決に時間の要素を加え，一定期間経過後は第3の解決をとるという処理もあり得よう。

自分で考えていた紛争解決は上記の中にあったであろうか。以下，それぞれの処理方法を比較検討してみよう。

❏　静的安全と動的安全

一般に，本件のような紛争の解決にあたっては，静的安全の保護

と動的安全の保護という2つの相対立する法政策が問題となる。静的安全の保護とは、本来の本当の権利者を保護しようという法政策であり、本件の場合にはメンツェル夫人を保護することである。これに対し、動的安全の保護とは、取引の安全の保護とも言われ、社会活動の円滑化のため、本当の権利者でない人から譲り受けた場合であっても、一定の条件、たとえば平穏・公然・善意・無過失で譲り受けたことを条件に、本来の権利者からの取戻し請求を拒否できるようにするという法政策であり、本件の場合、リスト氏やパールズ・ギャラリーを保護することである。

ニューヨークの裁判所は、盗難にあった所有者であることが立証できる限り、21年経とうとメンツェル夫人を保護するのが正義であるとの立場に立つものであり、静的安全を重視するものである。これに対して、日本民法の立場は、動的安全を重視するものであり、2年も経てば転々譲渡されるなどして盗難品をめぐって多くの事情を知らない人達によるさまざまな権利関係が形成されるであろうから、その後に出てきた本来の権利者に取戻しを認めることは多くの事情を知らない人達の権利関係を遡って覆すことになり、一般に安心して取引に入ることができなくなってしまうという社会全体のマイナスが生ずることを懸念するものである。そして、さらに、日本民法は、たとえ2年以内であっても、本来の権利者の登場によって最後の所持人が被る影響を最小限にとどめるべく、本来の権利者はその最後の所持人に購入価額を弁償することと引換えにのみ盗品の取戻しを認めているのである。

いずれの解決が妥当であろうか。これは、まさに、そもそも日本法のように（フランス法、ドイツ法も同じ）、権利を持たない者から物を譲渡された場合であっても、譲受人が完全な権利を取得すること

があるということを認めるのか（前述の民法192条の即時取得），あるいは，英米法のように，一般に権利を持たない者からの譲渡の場合には譲受人が完全な権利を取得することはなく，時効取得もしないこととするか（ラテン語で，"nemo dat quod non habet"といい，何人も所有せざるものを与えず，という原則），という法政策に関わる問題であり，国により時代により考え方が分かれる点なのである。

❏ 清算の仕方

次に，ニューヨークの裁判所で争われた清算の仕方，すなわち，絵をメンツェル夫人に返した後，事情を知らなかったリスト氏に生じた損害をいかに補償するかという問題について考えてみたい。

まず，第二審判決が採用したパールズ・ギャラリーがリスト氏に絵を販売した際に受領した金額，すなわち4000ドルを返すという購入価格方式は，結局，絵は元々メンツェル家のものであり，リスト氏が購入することはそもそもできないはずのものであり，それを手にしたのは「夢」であった，したがって値上がり益も元々あり得なかった，という考えに基づいているとも言えよう（念のために付言すれば，支払時からの利息をつけるのは，支払わないでいればその支払金はリスト氏のもとで運用利益を生んでいたはずだからである）。しかし，パールズ・ギャラリーは，そのままでは，パリの画商からの購入代金である2800ドル（プラス利息）だけ損をしていることになるので，パリの画商に対してこの金額の補償を求めることになる。そして，さらに，このパリの画商は，その前の売り主に購入代金の返還を求め得る。こうしてだんだんと川上に遡ってゆき，最終的には盗人から絵を購入した者が盗人に対してその購入代金（プラス利息）の返還を求めることになる。もっとも，その絵が盗品であることを知っ

て購入した者には代金の返還請求を認めない法制もあろうし，あるいは，事実上，川上に遡る途中で自分への売り主を探し出すことができない者がでてきて，その者が購入代金（プラス利息）分だけ損をすることになるのが普通であろう。いずれにしても，この解決方法では，自分が得られたはずの利益については賠償を求めることはできない。パールズ・ギャラリーも，リスト氏に絵を売って，1200ドルを儲けるはずであったのに，その儲けは夢と消えるわけである。

これに対して，第一審判決及び最高裁判決が採用したパールズ・ギャラリーがリスト氏に現在価格2万2500ドルを支払うという現在価格方式は，とにかく夢ではなく現実に，絵を返す直前の時点でリスト氏は2万2500ドルの価値のある絵を持っていたのであり，絵を手放すことでそれだけの損失を被ったと認め，その原因を作ったのは売り主であるから（売り主自身が絵の素性を知っていたかどうかは買い主には関係ない事情である），売り主がそれだけの補償をすべきであるという考え方に基づいている。この場合，パールズ・ギャラリーは，パリの画商に2万2500ドルの賠償を求めることができ，パリの画商は自分への売り主に同じく2万2500ドルを求めることになる。要するに，売買の各々の段階での売買価格とは無関係に，本来の所有者が登場したことから生じた2万2500ドルのマイナスを清算してゆくことになるわけである。

❏ 中古車の場合

いずれも一理ある考え方であるが（いやしくも判決で示された処理方法なのであるから当然であろう），別の例で考え直してみよう。たとえば，Xの200万円の新車が盗まれ，その車は転々譲渡された後，Yは事情を知らないでその車を120万円で，やはり事情を知らない

中古車業者Zから購入し，しばらく使用していたため，現在価格は30万円になっていると仮定し，YがXにその車を返還した後の清算を考えてみたい。この例が本件と異なるのは，盗品の価格が下がっている点であり，通常の物の場合はこうなるはずである。この例で，YがZに対して購入代金である120万円（プラス利息）を請求することができるとするのはおかしくはないだろうか。Yはその車をしばらく使用することによって利益を得ていたのであり，その使用によって30万円にまで価値の下がった車を手放して，使用前程度の車を新たに購入できる補償を与えることは必要以上にYを利する清算方法であると思われる。Yには中古車の現在価格である30万円分の補償をすれば足りるのではなかろうか（自分で流れ図を書いてみること）。

❏ 現在価格方式と購入価格方式

シャガールの絵の場合のリスト氏も，前述のYが車を使用したように絵をエンジョイしていたわけであり，それに加えて絵の値上がり分までも得をしてしまうため，2万2500ドルをリスト氏が受け取ることには抵抗があるかもしれないが，たまたま現在価格が上昇しているからといって，そうでない場合と清算方法を変える合理的根拠は見出せないのではあるまいか。要するに，現在価格方式に合理性があるのではないかというのが筆者の見方である。

ところで，ニューヨークの裁判所が示した前述の購入価格方式も現在価格方式も，ともに静的安全を重視し動的安全を犠牲にする処理方法をとる場合の清算の方法であるから，いずれも，絵の流通に関与した者をずっと遡ってそれぞれが直前の者に対して清算を求めてゆくことを認めるものである。もっとも，購入価格方式の場合は

清算額が逓減してゆくのに対し，現在価格方式は，ずっと2万2500ドルの補償を求めてゆくことになり，最終的に後ろめたいところのある者は，2万2500ドルの負担を負うことになるという違いがある。これは，一見すると，現在価格方式の方が悪者を懲らしめることになりそうであるが（盗人または盗品と知って取引をした者は直前の者に対して清算を求めることはできないため，このような後ろめたい者が最終的負担者となる），前述の自動車の例からわかるように，現在価格が下がってくる通常の物の場合には必ずしもそうとは言えないのである。

ところで，このように考えてくると，わが日本民法194条の合理性について疑問が生じてくる。

4 民法194条の問題点

既述のように，民法192条は原則として動産の取引については即時取得を認め，動的安全を最大限に保護している。そして，その例外として，193条が盗品・遺失物の場合に限って2年以内であれば元の持ち主の取戻しを認めているわけであり，2年という期間が適当かどうかという議論はあろうが，ひとつの割り切り方であろう。

しかし，2年以内の場合の問題となる194条の定める清算方法については次のような疑問が生じる（193条が自らに落ち度があるというべき遺失者を盗難にあった者と同列に扱っていることの妥当性にも議論の余地があろうが，ここでは触れない）。

❏ 値上がりしている場合

まず，問題の動産が値上がりしている場合について考えてみよう

（以下では，平穏・公然・善意・無過失に取引がなされたことを前提とする）。たとえば，Lが画商Pから絵を4000ドルで購入し，現在価格が2万2500ドルであるときに元の持ち主のMが現れて，2年以内であったために，民法194条により，MはLにLの支払った購入価格である4000ドルを支払って絵を取り戻したとしよう。この場合，LはPに1万8500ドル（＄22,500－＄4,000）の請求をすることはできないのであろうか。

　民法194条の趣旨は，2年以内であっても，清算は元の持ち主（M）と最後の所持人（L）との間で完全に済ませ，それ以外の善良な取引関係者には迷惑を与えないという点にあると解し，したがって，LからPへの請求は一切認めないという考え方もあり得よう。しかし，PとLとの契約関係に焦点を当てると，Pは知らなかったとはいえ，他人の物をLに売ったわけであり，完全な所有権をLに取得させることが最後までできなかったのであるから，民法561条の定めるように，買い主であるLは契約を解除でき，損害賠償の請求ができると考える方が自然であろう（2020年4月施行の改正法561条・564条）。この後者の考えに従い，損害賠償額算定の時期を現在（口頭弁論終結時）とすれば，LはPにその損害額である1万8500ドルの賠償を請求できることになる。そして，さらに，Pはその直前の売り主に1万8500ドルの賠償請求をすることができることになる。

　このように考えてくると，民法194条の規定の趣旨は，2年以内であってもLを保護するために，元の持ち主の負担においてとりあえず購入時に支払った金額分を確保させることにあるということになり（Pはもはや行方不明かもしれないので，少なくともこの限度では保護される），またその結果，取引に関係した川上の者にも元の持ち

主の支払う金額分だけ契約解除時の損害賠償金額が少なくて済むということになる。しかし、民法194条が、「占有者が支払った代価」の弁償ではなく、最後の所持人が手放す動産の現在価値の弁償を定めていれば、もっとすっきりするのではあるまいか。

❏ 値下がりしている場合

この点は、さらに、問題の動産が値下がりしている場合を考えると、より明らかになる。前述の自動車の例で考えてみよう。Yが中古車業者Zから自動車を120万円で購入し、現在価格が30万円であるときに元の持ち主のXが現れた場合（2年以内であるとする）、民法194条によりXがその車を取り戻すときに、Yの購入価格である120万円を支払わせることが合理的であろうか。この場合、Yは120万円の車をその価値が30万円に低下するほどに使用し、その間利益を享受していたにもかかわらず、その30万円の価値の車と引換えに120万円を受領させることは、Yを根拠なく益することになってしまう。もちろん、この場合にはZなどの取引関係者には迷惑は与えず、取引の安全の保護という観点からは問題はないが、この目的達成のためならば、XがYに30万円を支払えば済むことなのである。Yは30万円の物を手放して30万円の現金を手にしたのであるから、Zに対して請求すべき損害はないからである。したがって、この場合にも、民法194条の規定する購入価格の弁償ではなく、占有者の被る損害額の弁償とする方が合理的であるということになる。もっとも、民法全体に目を配ると、この場合、Xに120万円の支払義務を一応は負わせるものの、Xは所有者としてYに90万円の使用料請求（民法703条に基づく不当利得返還請求）をすることができ、結局、Xは30万円を支出するだけでよいという解決

が最終的には確保できそうである。

　以上のように，バランスの回復という役割を担う703条の活用によって，わが国の民法による解決は最終的にはバランスのとれたものになりそうではある。しかし，それにしても，194条が購入価格方式を採用しているためにややこしい処理が必要となることは否めないのではあるまいか。

＊　　　＊　　　＊

　いずれにしても，同じ問題状況に対する法的解決方法は複数あり得，それらの差は単に相対的なものでしかないということを理解していただければここでは十分である。

　ここで問題としたような状況についての解決は，法制度全体の中で，相対立する利害得失のバランスをはかりながら，ある法的処理が妥当か否かを考え，それを論理的に根拠づけることができるか否かを検討する，ということに過ぎない。そしてその際の妥当性の優劣はあくまでも与えられた法制度の枠組みの中でどちらがより説得的かということでしかないということを認識しておくことが大切である。外国法を調べてみることのひとつの意味は，この相対的に考える眼を持つことにあると言ってもよかろう。

問題 7

契約書を作ってみる

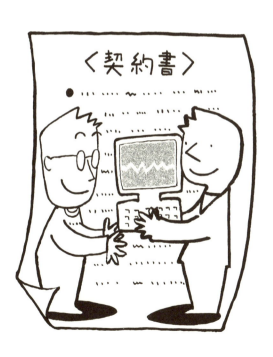

ピーターパンに連れられて行った夢の島「ネバーランド」で，ウェンディーたちは海賊フック船長に捕えられてしまいました。子分たちは「♬海賊暮らしは気楽な商売」と歌い踊っています。そのとき，フック船長は2つのうちから1つを選べと迫りました。1つは，甲板から海へと伸びた板を目隠しして進み海に落ちること，さて，もう1つは何でしょうか。

　答えは，子分になる契約書に署名することです。しかし，これだけでは法学入門になりません。本当の問題は次の通りです。ただ，フック船長のことも無関係ではありません。

　A君は，意を決して30万円もする大画面のデスクトップ・パソコンを購入したのですが，突然，1年間外国の大学で勉強することになり，そのパソコンを持って行くことはできないので，誰かに1年間貸して，有効活用しようと考えていました。一方，A君の友人のB君は，似たようなパソコンを購入するかどうか迷っているところでしたので，1年間A君のパソコンを借りておいて，1年後にもっと高機能で安いパソコンを買えばいいと考えました。そこで，1ヵ月3000円で1年間，A君のパソコンをB君が借りるということで，うまく話がつきました。

　さて，このような「取引」の契約書を作成してみて下さい。引渡しから返却に至る過程で起こり得るさまざまな事態を想定することが大切です。

＊　　＊　　＊

すぐに次を読まないで，まずは自分で考えてみて下さい。

1 攻めの姿勢

　パソコンの貸し借りをめぐって発生するかもしれないことを自分で想定し，そのときの当事者の権利義務を決めておくという作業を通じて，法律学を自分のものとして考えてもらいたい。このような積極的取組み方をすることによって，実際に社会で使われている契約書を見たときに，そこに並んでいる条項それぞれが何を考えて，それをどうしようとして規定されたのかがずっとよくわかるのである。法律学を一方的にただ「学ぶ」という受け身の姿勢ではなく，法律学で議論されていることは，どのような問題がそこにあるからなのか，それを問題とすることはどのような意味のあることなのか，といった積極的な攻めの姿勢で法律学に取り組むきっかけのひとつとしてもらいたい。

2 取引の仕方

　もちろん，契約は「取引」の結果であるから，一方の当事者に一方的に都合のよい取決めはできない。両当事者のその取引成立に対する必要性の度合いを相互に推し量りながら，全体としての"give and take"のバランスを考えて妥協点を模索して行くことになる。そのような交渉をシミュレートしてみるということが，アメリカの法学教育では随分前から行われており，日本でも行われるようになっている。これは，まず，学生が2人の当事者に分かれ，一定の前提事実が双方に与えられ，さらに，各当事者に個別に自分の側の事情が与えられるところから始まる。その上で，両当事者は，交渉を

通じて妥協点を探るのである。それぞれに相手方には知られていない隠された事情があるので、強気一方というわけにもゆかない。たとえば、ある物の売買契約交渉において、買い主側は既にその物の転売先を確保していて、ある期限までに買い付けなければそのビジネスを失うばかりか、契約違反の責任を負うことになるとか、売り主側は資金繰りに行き詰まっていて、どうしてもそれを売らなければならないといった事情である。シミュレーションとしては必ずしも妥協点に到達する必要はなく、交渉に臨む場合の達成目標の設定、交渉戦術の選択などを後で検討して行くことに重点が置かれる（詳しくは、たとえば、ロジャー・フィッシャー＝ウイリアム・ユーリー〔金山宣夫他訳〕『ハーバード流交渉術』〔TBSブリタニカ，1982〕，太田勝造『民事紛争解決手続論』179頁以下〔信山社，1990〕，太田勝造＝野村美明編『交渉ケースブック』〔商事法務，2005〕など参照）。

筆者もこのような交渉ゲームを演習で行ってみた経験があり、なかなか興味深いものである。しかし、ここでは、ひとりで契約条項を考えてみるということであるから、1ヵ月3000円で1年間という条件以外に、どのような事項を拾い出して合意の対象とするかが重要であり、その事項についての妥協点を模索することはここでのテーマではない。

3 契約書を作る文化と作らない文化

さて、もしあなたが問題文のA君、B君であったとしたら、はたして契約書を作ろうということになったであろうか。おそらくは、そのようなものは作らないであろう。実は、このような問題を出している筆者も、2年間のアメリカ留学の間、それまで使っていた車

を友人に貸したことがあるのだが（筆者は保険料逓減の利益を享受し，その友人はその間の税金・車検料の負担だけで便益を享受するという「取引」であった），その際にも契約書は作らなかった。ところが，その間に友人は自損事故を起こし，その車は廃車となるという予期せざることになってしまった。もっとも，そのときは，金銭上の問題も円滑に処理することができ，幸い，友情にひびが入ることもなかった。このような場合に備えてきちんと取り決めておかなかったにもかかわらず，円満な解決を見たのは，我々が格別の人格者だったからではない。ごく普通に，お互いの気持ちを察した行動をしたからである。

しかし，筆者も，アメリカでは契約書を作成したことがある。それは，留学期間が終わりに近づき，帰国を前に，それまで使っていた車をちょうどロー・スクールを卒業して故郷に帰るという学生に売却したときである。そのときは，相手方に，これから弁護士となるのだからその手始めにと契約書を起草してもらい，若干の修正を求めた上で双方署名したのである。実はこのときも，引渡し直後にラジエターから水漏れし，もうもうと水蒸気が上がるというハプニングがあったのだが，契約上，引渡しによって筆者の責任は消滅することとしていたので，若干申し訳ないとは思ったものの，そのままとなった。

なぜ，日本では契約書を作らなかったのに，アメリカでは契約書を作ったのであろうか。その理由は，相手方との「ア・ウンの呼吸」が期待できるか否かという違いにあったように思われる。

日本人の契約観については，法意識をめぐる議論の一環としてこれまで随分と論じられている。現在では批判もあるものの，批判を理解するためにも必読書と言ってよいのは，岩波新書の中に入って

いる川島武宜『日本人の法意識』〔岩波書店，1967〕である。これによれば，日本人には西洋法的な権利意識が欠如し，紛争が生じたとしても，日本の社会ではそれを「丸く納める」ことが大切であり，訴訟を起こすことは相手方に喧嘩を吹っかけることとみなされる。このような日本人の法意識の見方は，多くの法学者にも共有されている（たとえば，田中英夫『実定法学入門』（第3版）〔東京大学出版会，1974〕，Y. Noda, Introduction to Japanese Law〔Univ. of Tokyo Press, 1976〕）。また，柴田光蔵『法のタテマエとホンネ』（新増補版）〔有斐閣，1988〕は，タテマエとホンネというキーワードを用いて同様の日本人の法意識を浮かび上がらせている。これらの見解によれば，契約については次のように言われる。すなわち，取引は人間関係を含めた総体的な関係を作ることだと考えられ，契約書は冷たいものとされる。したがって，契約書が必要な場合でも，「これはホンの形だけのものですから」とそっと契約書を差し出すことになる。また，契約書を細部まで詰めない。契約をめぐって紛争が生じたときのことを想定した条項を置くことは，総体的な関係を作る意味を持つ取引成立というめでたい門出においては不吉なこととされ，あえて条項を置くとしても，「誠意をもって円満に解決します」といった権利義務関係のあいまいなものが好まれる。そのような契約書でも多くの場合問題が生じないのは，法律以外に，信頼関係，義理，メンツなどの要素が大きくものを言っているからである。以上のような日本人の法意識の見方は，日本人であれば誰しも思い当たるような点を拾い出して構成されたものであり，それなりの説得力を有している。

　しかし，このような見方に対しては，大木雅夫『日本人の法観念』〔東京大学出版会，1983〕が反論を展開している。この問題に関

しては，上記の川島武宜『日本人の法意識』と並んで必読書である。これによれば，西洋でも権利義務で割り切るという考えばかりではなく，他方，日本にも伝統的に法治主義の観念があり，日本人の法意識を一定の図式で割り切り，それを特殊であるとすることには疑問があるとされているのである。また，六本佳平『法社会学』211頁以下〔有斐閣，1986〕では，法社会学の観点から上記の川島説の問題点が指摘されている。

このような対立はあるものの，冒頭に紹介した「ピーターパン」のひとこまを見ると，この法意識の違いを思わずにはいられない。「ピーターパン」は，もともとイギリスの劇作家J・M・バリーの戯曲（1904年初演）であるようだが，海賊が契約書に署名を迫るという設定が当初からあったものなのか，ディズニーが映画を製作した段階で入れられたものなのかは定かでない。しかし，いずれにしても，法律家ではない一般の英米人の法意識を示す例ということができよう。もっとも，これひとつだけであれば，それだけのことかもしれないが，ディズニー映画には，もうひとつ，面白い例がある。

それは「リトル・マーメイド（The Little Mermaid）」〔ウォルト・ディズニー映画，1991〕である。ここでは，次のような形で契約書が登場する。地上の王子様に恋をした人魚のアリエルは，人間になりたくて，海の魔女アースラと取引をした。アリエルの美しい声と引き換えに，3日間人間となり，3日めの日没までに王子にキスをされれば永遠に人間になることができるが，キスされなければ，人魚に戻ってアースラに仕える，というものである。契約書は次の通りである。「私は，ここに，声を……と引き換えに海の魔女アースラに与えます」（"I hereby grant unto Arsula, the Witch of the Sea, one voice, in exchange for ……"）。この契約書にアリエルはサインするのである。

この契約書は重要な場面で2度出てくるのであるが,いずれもちらりと見せるだけであるから,さすがに後半部分はきちんとは書かれていない。書いてあっても読みとることができるのは冒頭部分だけであろう。とにかく,ここで言いたいのは,人魚と魔女が契約書を作成するということである。

4 契約書を作るとき考えること

さて,前置きが長くなってしまったが,本題の契約書作成に入ろう。

実は,筆者の手元にはコンピュータ・メーカーの法務部に勤める

友人から送ってもらったリース契約書のひな型がある。リース会社がコンピュータをリース（賃貸）する際に用いる標準的な契約書である。A4サイズの紙に2段組で4頁27ヵ条にわたって詳細に規定されている。これを参考にしつつ，わかりやすく単純化して，A君とB君との間のパソコン賃貸借契約書を作ってみよう。

まず，賃貸人Aを甲とし，賃借人Bを乙とする。甲，乙などとしないでもかまわないのであるが，一般に契約書では記載を簡単にするために冒頭でそのように定義して，あとは専ら甲，乙という表記を用いることが多い。そして，前文として次のように規定する。

甲と乙とは，下記の通り契約する。この契約を証するため本書2通を作成し，甲，乙が各1通を保有する。

契約書を1通だけ作成し，一方だけがそれを持っていることにしてしまうと，契約書を持たない側は契約に基づく請求をしようとしても，相手方から契約していないと言われるおそれがある。もちろん，民法上は（601条），賃貸借契約の成立には契約書は必要ではないが（諾成契約という），契約書なしに契約内容の立証に成功することは相当に大変なことであり，多くの場合できないであろう。その意味で，同じ契約書を2通作って双方に署名捺印してそれぞれ保管するということは重要な点である。

第1条（契約の趣旨）　乙は，甲から別紙記載の物件（以下，装置という）を次条以下の条件で借り受ける。

これは，賃貸借の対象の特定である。以下でもそうであるが，別紙には，パソコンの型式とか製品番号，さらには，振込先口座などを具体的に書くこととし，ここでは省略する。対象物件については，パソコンの付属品，マニュアル，ソフト・ウェアなどのどこまでが含まれるのかをはっきりさせておく必要がある。

第2条（引渡し）　① 甲は，別紙記載の引渡し日に，別紙記載の引渡し場所において，乙が装置を使用できる状態に調整した上で，装置を引き渡すものとする。
　② 乙は，搬入された装置について直ちに乙の費用で検査を行い，瑕疵がないことを確認し，甲持参の受領書に署名捺印の上，装置を引き取るものとする。

　これは，引渡しについての取決めである。第2項の「瑕疵」とは広い意味でのキズであり，予定された状態にないことをいう。賃貸借の目的物に瑕疵があった場合，特約がない限り，民法により，借り主は，瑕疵のために使用目的が達成できなければ契約を解除し，また，修繕，賃料減額，損害賠償などを請求できるが，この契約では，引渡しの段階で借り主に検査義務を課しておいて，後の条項（第8条）で，瑕疵があっても甲には一切の責任なしとの特約を入れておこうというわけである。

　第3条（装置の損傷）　① 乙は，装置を善良な管理者の注意をもって使用するものとし，装置に損傷が生じたときは，天災地変，戦争その他不可抗力の場合を除き，乙の負担で修繕することとする。
　② 修繕不能である場合には，乙は別紙記載の損害賠償額を甲に支払うものとする。

　甲としては原因の如何を問わず乙の責任にしたいところであるが，そうすると地震で机から落ちても乙の責任になってしまい，乙は抵抗するであろう。そこで，不可抗力によって損害が生じたことを乙が立証できない限り，乙の責任としたものがこれである。こうしておけば，たとえば，乙の家に遊びにきた乙の友人Cの犬が装置を壊したときも，乙としては犬が近づくのを防ぐことができたはずで

あるから，乙の責任ということになる。なお，第2項は，損害賠償額の予定であり（民法420条），これにより，そのような事態になった場合にパソコンの現実の価値を算定するという面倒が回避できるのである。

第4条（期間） 賃貸借期間は別紙記載の通りとする。

本問の場合，引渡し日から1年ということになる。

第5条（賃料の支払） ① 乙は甲に別紙記載の方法で所定の賃料を支払うものとする。

② 遅延損害金は別紙記載の通りとする。

本問の場合，賃料は1ヵ月3000円であるが，支払方法として甲の指定する銀行口座に毎月末に乙が振込料を負担して振り込むといったことを取り決めておく必要がある。第2項は，賃料の振込みが遅れた場合，日割り計算で一定額の損害賠償を支払うことを約したものであり，第3条第2項と同じく，損害賠償額の予定である。

第6条（装置の所有権侵害行為の禁止） ① 乙は，装置を第三者に譲渡したり，担保に差し入れたり，その他甲の所有権を侵害するような行為をしてはならない。

② 甲は，装置に甲の所有権を明示する標識を貼ることができ，乙はこれをその状態に維持しなければならない。

第1項は，賃貸借契約である以上当然のことであり，重要なのは第2項のネームプレートの方である。これは，乙が第1項に違反して第三者に装置を売却してしまったとき，甲としては乙に責任追及ができるのは当然なのであるが，そのような挙に出る乙はその時点ではもう行方不明かもしれず，あるいは，責任を果たすだけの資産がないかもしれない。そうすると，甲としては，その第三者に装置を返してくれと言わなければならないのであるが，第三者としては，

それは乙のものだと信じていたと反論することになるであろう。そして，その反論が認められれば，甲は結局損をしてしまうことになる。民法 192 条によれば，第三者が所有権を取得できるのは，第三者が平穏かつ公然と善意無過失にその装置の占有を始めたときであるとされている。「善意」とは「知らない」という意味であり（反対に悪意とは知っているということ），ここでいう「善意無過失」とはそれが乙の物でないことを「知らないことに落ち度はない」ということである。そこで，上記のようなネームプレートを貼っておけば，知らなかったとは言わせないということになるわけである。ただ，乙が第 2 項の約束も一緒に破ったときには，どうしようもない。

第 7 条（報告・点検調査）　① 乙は，甲の要求があったときは，装置の状況を書面により甲に報告しなければならない。

② 甲又は甲の指定する者が，装置の状況を点検調査することを求めたときは，乙は速やかにこれに応じなければならない。

このような条項があると甲としては便利であろう。

第 8 条（瑕疵担保責任）　甲は，装置の瑕疵による責任は一切負わないものとする。

これは，上記の第 2 条を前提とするものである。本問では甲は外国にいるのであるから，このようにしておく方が面倒がないであろう。もっとも，乙としては，そのようなリスクを負うのであれば，もっと賃料を安くしてほしいと言うかもしれない。

第 9 条（契約解除）　乙について下記の各号のいずれかの事情が生じたときは，甲は，催告を要しないで，この契約を解除することができるものとする。

1　賃料の支払が遅延したとき。

2　装置を毀損しその他必要な保存行為をしなかったとき。

3　仮差押え，仮処分，強制執行，競売の申立て，公租公課の滞納処分などを受け，又は，破産，再生手続開始などの申立てがあったとき。

　賃料の支払が遅れた場合には，第5条第2項で遅延損害金はとれるのであるが，この第9条第1号は，いつまでも支払がなされないときに備えて，甲の側からは契約解除をすることもできるようにしておこうというものである。民法541条によれば，相手方が義務を履行しないときは相当の期間を定めて催告し，その期間内に履行されないときは，契約の解除ができると規定されている（2020年4月に施行される改正法では，相手方の不履行が契約及び取引上の社会通念に照らして軽微である場合はこの限りではないという但書が追加されている）。したがって，この第1号は，解除ができるということを確認するとともに，催告をしないでよいとの特約になっている点に存在理由があると言うべきであろう。第2号も重大な契約違反であり，その趣旨は第1号と同じである。これに対し，最後の第3号の事情は，それ自体では契約違反とは言えないものである。しかし，賃料の支払ができなくなるおそれがあるばかりではなく，装置が第三者の手にわたるおそれがある事情の発生であるから，甲が装置を取り返したいと思うのは当然であろう（2020年4月に施行される改正法の541条但書によっても解除が認められるであろう）。

　第10条（引取り）　賃貸借期間満了のときは，1ヵ月以内に，甲は，別紙記載の引渡し場所において装置を引き取るものとする。

　引取りに関する規定である。乙の費用で甲の指定する場所に持ってきてもらうことも考えられるが，ここでは，甲の費用で当初の引渡し場所に取りにゆくこととしている。期間満了後，いつまでも引取りがなされないと乙としても困るので，1ヵ月以内という限定を

付している。

第 11 条（合意管轄） 甲及び乙は，この契約に関する訴訟については，別紙記載の裁判所が専属的に管轄を持つことに合意する。

これは，裁判管轄の合意（民事訴訟法 11 条）である。そのほか，仲裁による解決を定めておくことも考えられる（仲裁合意の効力について，仲裁法 13 条参照）。いずれにしても，このような紛争解決条項がない場合には，どこで裁判をするかをめぐっても争いが生ずることがある。つまり，これは紛争を早く解決するという予防法学的配慮のひとつなのである。なお，これが国際的な契約であれば，どこの国の裁判所で裁判をするかを定め，かつ，どこの国の法律を適用するかを定めておくことも大切である（民事訴訟法 3 条の 7 及び法の適用に関する通則法 7 条）。

その他，甲としては，発生するかもしれない損害賠償にあてるために一定額の保証金をとっておくとか，乙の責任を連帯して負うべき連帯保証人からの署名捺印もとっておくことができれば，さらに安心であろう。

* * *

以上，あなたが作った契約書と比べてどうだったでしょうか。

それにしても，パソコンを貸してくれるという友人がこのような契約書を持ってきて署名捺印してくれと言ったとしたら，あなたはどう思うでしょうか。当然だと思うか，きちんとした人だと感心するか，自分を信用しないのかと腹を立てるか，あなたの法意識がそこに表れるはずです。

問題 8

判例を信じていたのに……

A氏は，B氏との間で発生した民事紛争について，弁護士に相談したところ，この分野での判例とされる最高裁判決によれば，B氏の主張は認められないと言われた。そこで，A氏は，和解には応じず，断固としてB氏の要求を拒否した。B氏は提訴したが，一・二審の裁判所は，ともに判例に従ってA氏勝訴の判決を下した。A氏としては「当然の勝利」と思っていたので，B氏がさらに上告したと聞いて，そのあまりのしつこさにあきれたほどであった。ところが，最高裁は，B氏の主張通りの法解釈を示し，「右と見解を異にする当裁判所の判例は，これを変更すべきものと認める」として，原判決を破棄した。

　A氏は大変ショックを受けた。遵法精神にあふれる善良な市民であるA氏としては，自分の主張を認めるぴったりの判例があったからこそ，あくまで争ったのであり，判例変更がなされることがわかっていれば，はじめから和解したはずだからである。少なくとも，訴訟に要した労力，費用，時間は無駄になってしまった。

　さて，現在はこのような判例変更時の敗訴当事者には格別の保護は与えられていないが，正義を実現すべき司法制度として，このようなA氏を放置しておいてかまわないであろうか。現行の制度にとらわれず，あなたが新しい司法制度を作るとすればどうするか考えてみて下さい。

＊　　　＊　　　＊

　すぐに次を読まないで，自分で考えてみることが何より大切です。ただし，判例とは何か，その拘束力に関してはどのように解されているのか，実際になされた判例変更の例などについてよく知らないという人は，自分で考えるための基礎として，6までは読んだ上で考えた方がいいでしょう。

1 先例の重要性

　歴史を遡ると，平安遷都後，国家制度が安定してくるにつれ，「有職故実」が重視されるようになったとされている。物の本によると，9世紀末の朝廷の行事は既に年間200件以上もあったというのであるから，それらを滞りなく行うためにさぞや神経を使い，故実に詳しい者が幅を利かせたことは想像に難くない。時代は下って，1701年，江戸城松之廊下で浅野内匠頭長矩が吉良上野介義央に切りつけ，赤穂浪士の討ち入りまでに発展した事件の原因は，江戸に下向する勅使（朝廷からの使節）を接待する饗応役に指名された内匠頭が，その礼式について幕府の高家肝煎（儀式典礼役）であった吉良上野介から指導を受ける際，「田舎者め」と吉良から侮辱を受けたことにあったと言われている。

　これらは，ここで問題とするような紛争処理の局面ではないが，何か事を行うときに先例を尊重するという点では共通点を有している。先例通りに行うことに汲々とするという姿勢は，悪くすると，悪しき官僚主義であるとの謗りを受けることになろう。そんなことばかりしていたら，新しい事態に適切かつ機敏に対処できないではないかというわけである。

　しかし，先例はそれなりに先人が決断して実行した例であるから，それに従うことはゼロから考える無駄を省くメリットがある。また，それが社会全体あるいは特定人に影響を与える場合，すなわち，裁判や行政処分の場合には，社会に安定性を与えるという価値がある。つまり，何人も同様の状況のもとでは同様に取り扱われることが保障されることによって，先例に従っている限り，人々は安んじて経

済社会活動を行うことができ，安定した社会発展が可能となるというわけである。このようなことから，社会のさまざまな場面で，先例は尊重されているのである。

2 先例拘束性の原理

　裁判における先例尊重の最大の根拠は，上記のように，平等取扱いの保障による社会の安定化にあると解されるが，このことを推し進めると，先例の絶対的な拘束力を認める，つまり判例変更は一切認めないというルールになる。

　かつて，イギリスでは，その最高裁判所である貴族院の判例は，下級審裁判所を拘束するだけではなく，その後の貴族院自身をも拘束し，その点に関する法を変更するには立法府による法律制定を待たなければならないとされていた。これは「先例拘束性の原理」と呼ばれ，イギリス法の基礎をなすルールとされていたのである。

　もっとも，イギリスにおいてもこの原理が確立したのは19世紀末以降のことであるとされる。なぜならば，先例をきちんと知ることができる判例集が存在しなければこの原理は成立し得ず，そのような判例集（"Law Reports"）の刊行が始まったのが19世紀後半であったからである。そして，同じ頃，下級審裁判所の整理統合が進められ，また，貴族院の権威が確立されたことを背景に，19世紀後半のいくつかの判例により，「先例拘束性の原理」が確立したのである（大木雅夫「先例の価値——その拘束性をめぐる比較考察」野田良之先生古稀記念『東西法文化の比較と交流』45頁〔有斐閣，1983〕）。

　この先例拘束性の原理は，しかし，1966年の貴族院の声明（Practice Statement）により廃止され，先例を変更することが妥当で

あると考えられるときは，そうすることができることになった。その際に理由とされたのは，先例拘束が厳しすぎると，個々の事件における具体的妥当性に反する結果となることがあり，さらに，法の適正な発展を阻害するおそれがあるという点であった（田中英夫『法形成過程』62頁〔東京大学出版会，1987〕）。安定よりも変化による正義の実現が必要な場合もあるということを認めようというわけである。

以上のようなイギリス法の変遷に対し，フランス法やドイツ法といった大陸法には，もともと厳格な先例拘束性の原理はない（基本的にはイギリス法を継受したアメリカ法にもない）。大陸法系に属する日本法も同様である。実際の判例変更の例は後述 *5*・*6* の通りである。しかし，このことは，先例拘束性の原理のない国々（1966年以降のイギリスを含む）における裁判では判例はあまり尊重されないという意味では決してない。そこで，次に，日本の裁判における判例の扱いについて具体的に見ておこう。

3　判例の事実上の拘束力

❏　裁判官を拘束するもの

わが国でも，「判例法」という言葉が使われることはあるが，判例に法的な拘束力が認められているわけではない。憲法76条3項は，「すべて裁判官は，その良心に従ひ独立してその職権を行ひ，この憲法及び法律にのみ拘束される」と規定している*。

> ＊その他，民事事件については，明治8年の太政官布告103号裁判事務心得に，「民事ノ裁判ニ成文ノ法律ナキモノハ……条理ヲ推考シテ裁判スヘシ」というものがある。これは，当時の日本では十分な

法律整備ができていなかったことから，法律の明文の規定に基づいて裁判できないことがあり，その際には，あるべき法とされる「条理」によることを定めているわけである。なお，裁判所法4条は「上級審の裁判所の裁判における判断は，その事件について下級審の裁判所を拘束する」と規定しているが，「その事件について」という限定が重要であり，これは，最高裁から破棄差戻しを受けた下級審の裁判所が再び最高裁の判断と異なる判断をして際限なく事件が往復するといった事態を避けるためのものである。また，刑事訴訟法405条2号・3号は，判例と抵触する下級審判決に対しては上告できる旨定めているが，このことは，下級審裁判所が相当と判断すれば最高裁判例と異なる判決をすることができることを前提とするものである。また，同法410条2項は，最高裁による判例変更を予定するものである。

しかし，実際には，下記の通り，最高裁判所の判例には下級審裁判所及び最高裁自身に対して事実上の強い拘束力があり，その結果，社会において判例は法規範類似のものとして機能している。このような見方が一般的な考え方といってよいであろう。

❏ 手続上の仕組み

まず，手続的に，判例変更するためには，特別の手続が要求される。最高裁判所の裁判には，15名の裁判官全員で構成される大法廷による裁判と5名の裁判官で構成される小法廷による裁判とがある。大法廷で行うべき裁判については裁判所法10条に定めがあり，その3号により，「憲法その他の法令の解釈適用について，意見が前に最高裁判所のした裁判に反するとき」が挙げられている。したがって，最初は小法廷で審理をしていても，判例変更の必要があると判断されると，大法廷に審理の場が移されることになるのである。

これは，判例変更は特に慎重になされなければならないとの考えの反映であり，間接的に判例変更をしにくくする装置として機能している。

❏ 最高裁自身による判例尊重

もちろん，実質判断において，判例変更をすべきであると考える裁判官が大法廷の過半数を占めれば判例変更はなされるのであるが，実際には，裁判官の判例尊重の意識は相当に強く，判例がなければ別の判断をするかもしれない場面でも，判例がある以上あえてそれを変更することはしないという傾向があると言われている（伊藤正己『裁判官と学者の間』50, 63頁〔有斐閣，1993〕）。現実に，「いったん公権的解釈として示されたものの変更については，最高裁判所のあり方としては，その前に変更の要否ないしは適否について特段の吟味，検討を施すべきものであり，ことに，僅少差の多数によってこのような変更を行なうことは，運用上極力避けるべきである」との意見が表明されたこともある（後述 6 の全農林警職法事件判決における田中二郎裁判官ほか5裁判官の少数意見〔刑集27巻4号598頁〕）。

❏ 下級審裁判所の対応

他方，下級審裁判所は，確かに制度上は，最高裁の判例を尊重することによる法的安定性の実現というメリット以上に判例を変更すべき相当な理由があると判断する場合には，判例と異なる判決を下すことができ，そのことは，説得力次第では最高裁に再考を迫るという積極的な効果がある。しかし，たとえば一審の裁判所が判例と異なる判決を下しても，敗訴当事者側から二審への控訴，さらには最高裁判所への上告がなされ，破棄される可能性が相当に高い。そ

うすると，下級審の裁判官の実務感覚としては，判例に反対するよほどの理由がない限り，結局は当事者にとって裁判が長引くだけの効果しかもたらさないことになるような判決を書くことをためらうことになるであろう（ただし，このような見方に対しては，裁判官は正義の実現を何よりも考えているのであって，このような次元の低い訴訟経済による事実上の拘束力という説明は妥当しないとの有力な反論がある〔中野次雄編『判例とその読み方』（3訂版）18-19頁〔中野執筆部分〕〔有斐閣，2009〕〕。この本は，裁判官自身による判例の理論的・具体的分析であって，ここでとり上げている問題については，本稿でたびたび引用している田中英夫『法形成過程』〔1987〕とともに必読の書である。両者は主張が異なる点が多いが，だからこそどちらも重要であると言うべきである）。

なお，「下級裁判所の裁判官は，最高裁判所の指名した者の名簿によって，内閣でこれを任命する」と定める憲法80条1項を最高裁判例の事実上の拘束力の説明として重視する見解もある（樋口陽一「判例の拘束力・考」『日本国憲法の理論』684頁〔有斐閣，1986〕参照）。

❏ 現実社会及び検察官の対応

また，判例によって実務がそれに対応する行動をとるようになり，その結果，裁判所に事件そのものが来なくなり，最高裁が判例変更をする機会も当然なくなるというケースもある。このことが最もはっきり現れるのは，検察官の起訴がなければ始まらない刑事事件であり，たとえば，尊属殺を通常の殺人よりも極端に重く処罰することを規定する刑法200条が憲法違反であるとの判例が出されたため（最高裁〔大法廷〕昭和48年4月4日判決刑集27巻3号265頁），それ以降は同条に基づく起訴は行われなくなり，その後の社会の変化あるいは最高裁判所裁判官の構成の変化によって，仮に今ならば異なる

判断が出される可能性があるとしても，判例を変更する機会自体与えられないということになった。そして，刑法200条は，平成7年法律91号による刑法の現代語化を主目的とした改正の際に削除された。

4 先例との区別

❏ レイシオ・デシデンダイとオビタ・ディクタム

さて，ひと口に「判例」と言っても，判決の文言のどの部分が「判例」なのかが問題となる。この点については，「主論」（レイシオ・デシデンダイ〔ratio decidendi〕）と「傍論」（オビタ・ディクタム〔obiter dictum〕）とに分け，先例としての拘束力を有するのはレイシオ・デシデンダイの部分だけであるというのが広く認められた原則である（「主論」ではなく，「判決理由」と訳されることもあるが，日本の判決では判決の理由書き部分全体が「理由」と表示されるので，混乱を避けるためには，「主論」あるいはそのまま「レイシオ・デシデンダイ」という言葉を用いる方が適当であろう）。

問題は，何がレイシオ・デシデンダイかである。これは判決文から抽出された「要件」と「効果」からなる法規範類似のものである。「効果」の部分は判決の結論であるのではっきりしているが，「要件」はその結論を導くにあたって裁判所が必須のものとした「重要な事実」であるとされ，一義的には決まらない性質のものである。

現実の事件の事案は極めて多くの事実から構成されているので，全く同じ事案はあり得ない。したがって，仮に細かな点を含めてすべての事実関係が「要件」とされていたと評価すると，実際上，後の裁判には全く影響を与えないということになってしまう。しかし，

現実の裁判所は事案を構成する事実すべてを「要件」としたわけではなく、その中でいくつかの「重要な事実」を前提に結論を導き出しているのである。事件当日の天気、日時、当事者の名前、その服装、数量、金額などは多くの場合は重要でない事実であろうが、場合によっては、たとえば特定の金額であったことが重要な事実となっている場合もあり、一概には線を引くことはできないのである（田中・前掲書 35 頁では、具体的な例を挙げて説明されている）。

さらに、その「重要な事実」には、その事案に存在する事実だけではなく、「存在しない事実」も含まれるということも重要である。つまり、ある事実がないということも「要件」であり得るわけであって、後の事件にその事実が存在すれば、先例の拘束力は及ばないことになるのである。

❏ 論理操作としての「区別」

以上のように、「重要な事実」の判定についてはさまざまな見方があり得るため、一定の範囲で論理操作も可能となる。

2 で述べたように、先例拘束性の原理が妥当していた頃のイギリスでは、時代の変化又は考え方の相違により、先例の示すルールを適用することが相当でないと考えても、正面からこれを変更することはできなかった。そのため、先例を正面から否定するのではなく、先例と「区別する（distinguish）」という方法が用いられたのである。すなわち、一見したところでは先例と抵触するように見えても、先例のレイシオ・デシデンダイをできるだけ狭く解することによって先例と区別し、先例に拘束されないで判決を下す、という操作がなされたのである（高柳賢三『英米法源理論』（全訂版）78 頁以下〔有斐閣、1966〕参照）。

これに比べ，下級審裁判所が必ずしも上級審裁判所の判例に拘束されず，また，最高裁判所自身も判例変更をすることができる制度のもとでは，先例との区別が持つ意味の大きさは当然異なるものである。しかし，日本でも，*3*で述べたように，判例の事実上の拘束力は強いため，先例との区別は重要である。判例研究において，よく「本判決の射程距離（あるいは射程範囲）」が云々されるのは，まさにこのレイシオ・デシデンダイは何かを議論し，後の裁判に与える影響を評価しようとしているのである。また，最高裁への上告理由においては，従来の判例の射程距離を自分に都合のよいところまでいっぱいに拡張して，原判決はそれに反するものであって不当であると主張する例が多いため，最高裁判決では，「引用の判決は本件に適切でない」という判断をよく見かけることになる。これは，引用されている判例のレイシオ・デシデンダイは上告理由が考えているほどは広くなく，したがって，当該事件と関係しないということである。

　なお，最高裁判決において，判断のための一般的なルールを示しながらも，「特段の事情のない限り」との文言を入れている例が少なくないが，これは，上記の「重要な事実」としての「存在しない事実」への注意を喚起し，一般論が独り歩きして，最高裁の予定した射程距離を超える危険を防止する配慮であるとされている（伊藤・前掲書28頁）。

5 判例変更の例

　では次に，正面からの判例変更の例を若干挙げておこう。

❏ 有責配偶者からの離婚請求

まず,民事事件では,離婚原因についての判例変更がわかりやすいであろう。民法770条1項は,「夫婦の一方は,次に掲げる場合に限り,離婚の訴えを提起することができる」とし,「配偶者に不貞な行為があったとき」,「配偶者から悪意で遺棄されたとき」などと並べて,5号として,「その他婚姻を継続し難い重大な事由があるとき」と規定している。この5号の解釈として,自分の側に婚姻を継続し難い重大な事由を作った責任のある者(有責配偶者)からの離婚請求を認めることができるかどうかが問題となる。

この点について,最高裁昭和27年2月19日判決(民集6巻2号110頁)は,夫が妻以外の女性との間に子供を作ったことを知った妻がその女性との関係を断つように要求して出刃包丁を振り回す等の暴行に及び,結局,家を出ていった夫からの離婚請求事件において,妻の行為は行き過ぎではあるが,その原因は夫の側にあり,この離婚請求は自分で情婦を作った夫が妻を追い出したいということに帰着し,「もしかかる請求が是認されるならば,被上告人〔妻〕は全く俗にいう踏んだり蹴ったりである」とし,有責配偶者からの離婚請求は認めるべきではないとしていた(「踏んだり蹴ったり」判決として有名。その後も同旨の最高裁判決がいくつかある)。

しかし,それから35年後,最高裁(大法廷)昭和62年9月2日判決(民集41巻6号1423頁)は,正義・公平の観念,社会的倫理観に反する離婚請求を認めるわけにはゆかないが,夫婦関係が回復の見込みのないほどに破綻し社会生活上の実質的基盤を失っている婚姻を戸籍の上だけで存続させることは不自然であるとし,「有責配偶者からされた離婚請求であっても,夫婦の別居が両当事者の年齢及び同居期間との対比において相当の長期間に及び,その間に未成

熟の子が存在しない場合には，相手方配偶者が離婚により精神的・社会的・経済的に極めて苛酷な状態におかれる等離婚請求を認容することが著しく社会正義に反するといえるような特段の事情の認められない限り，当該請求は，有責配偶者からの請求であるとの一事をもって許されないとすることはできないものと解するのが相当である」と判示して，従来の判例を変更した（全員一致）。これは，離婚に対する考え方の変化及び離婚をとりまく状況の変化が判例変更をもたらしたものと言うことができよう（この判例変更については，星野英一＝右近健男「対談・有責配偶者からの離婚請求大法廷判決」法学教室88号6頁〔1988〕参照。また，1994年7月に法務省民事局参事官室名で公表された「婚姻制度等に関する民法改正要綱試案」〔ジュリスト1050号214頁〕によると，民法770条に「夫婦が5年以上継続して共同生活をしていないとき」を離婚原因として加えるとともに，「離婚により夫婦の一方又は子が精神的，社会的又は経済的に著しく苛酷な状態に置かれるときは，離婚の請求を棄却することができるものとする」とされている）。

❏ 利息制限法違反の利息

また，やや古いが，利息制限法についての判例変更も有名である。利息制限法1条は，元本額で分け，たとえば，元本100万円以上の場合には，年15％を超える利息はその超過部分につき無効としている。そして，平成18年法律115号による改正前までは，同条には2項が置かれていて，「債務者は，前項の超過部分を任意に支払ったときは，同項の規定にかかわらず，その返還を請求することができない」と規定していた。以下は，この2項があった当時のことである。

最高裁（大法廷）昭和37年6月13日判決（民集16巻7号1340頁）

は，超過部分は元本を返済したものと扱うべきだとの主張に対し，上述の1条2項が制限を超えて支払った利息の返還請求を否定している以上，その超過部分が元本に充当されたものと扱うことは，結果において返還請求を認めたことと同一の経済的効果を認めることになってしまうので，そのような元本充当は認めることができないと判断していた（多数意見9対反対意見5）。ところが，そのわずか2年後の最高裁（大法廷）昭和39年11月18日判決（民集18巻9号1868頁）は，これを変更し，無効とされる制限超過部分の債務は存在しないのであるから，その支払は債務の弁済ではなく，元本が残存するときは元本に充当される，と判示したのである（多数意見8対反対意見4）。さらに，その後，最高裁（大法廷）昭和43年11月13日判決（民集22巻12号2526頁）は，制限超過部分の元本充当によって元本が完済されてしまったときは，元本債権の存在しないところに利息・遅延損害金の発生の余地はないので，したがって，元本消滅後の支払部分については不当利得として返還請求をすることができるとした（多数意見12対反対意見3）。つまり，最終的には，利息制限法1条2項の文言からは一見読めないような結論にまでたどり着いたのである。その後，かなりの間，この判例によって利息制限法1条2項は空文化されていたが，上記の平成18年法律115号（その主な目的は多重債務者対策のための新たな規定の導入であった）により，同じく空文化していた4条2項とともに削除された。

この問題をめぐっては，解釈論一般の問題として，解釈の限界はどのあたりにあるのか，また，実体問題として，経済的弱者である借り主の保護のため，制限超過部分の元本充当・返還認容という方向での解釈をすべきだとか，あるいは，借り主は必ずしも弱者とはいえず，その上，あまりに借り主を保護し過ぎると，貸し手がいな

くなり，結局は担保となる十分な資産を持たないけれども資金を必要とする者へ資金が流れなくなるという金融閉塞の状況に陥る懸念があるので，利息制限法の文理に忠実な解釈をしておくべきだ，といった議論があり，裁判官の見解も分かれるところではある。しかし，だからといって，裁判官の構成が変わって多数を占める側が変わるたびに判例変更がなされるというのでは困ることも確かである。というのは，この一連の判例変更の原因はまさに裁判官の交代にあり，3つの最高裁判決の多数意見裁判官と反対意見裁判官とを書き出してみれば一目瞭然であるが，誰ひとり意見を変えた裁判官はいないのである。当初の多数意見に加わった裁判官の退官後に任官した裁判官が当初の反対意見の裁判官の意見に賛成し，多数と少数とが入れ替わったのである。もっとも，新しい時代にふさわしい新しい裁判官による裁判と言えば言えなくもないが，やはり，変更後の判例の内容についての評価はともかくも，このような形での短期間での判例変更に対しては批判があるところである（我妻栄「債務者は，任意に支払った制限超過利息の元本充当を主張しうる」ジュリスト314号10頁〔1965〕や川井健「判例変更の限界」北大法学論集17巻4号566頁〔1967〕などの批判と，裁判官のひとりであった横田喜三郎教授の回顧〔同『法律は弱者のために』147頁〔小学館，1981〕〕とを対比するとよくわかる。特に，川井教授の「たとい前判決における少数意見の裁判官であっても，ともかく一旦形成された法の下で従前と全く同じ自説を貫きとおすことが正しいかどうかは問題である」〔上記の北大法学論集572頁〕との指摘は貴重であると思われる）。

❏ 具体的なA氏

さて，冒頭の判例変更時の敗訴当事者保護の問題におけるA氏

は，上記の例で言えば，「踏んだり蹴ったり判決」を信じて，夫からの離婚請求を断固はねのけ，事実，高裁段階までは勝訴していた妻，あるいは，昭和37年判決によれば，利息制限法の定める制限利率を超えて支払われた部分は元本に充当されることはないのだから，まだ残っている元本及び利息の支払を求め，事実，高裁段階までは勝訴していた昭和39年判決の債権者（貸金業者）であり，問題は彼らの保護をどうするかということである。「あなたの番からは違うルールを適用します」と言われた彼らの気持ちを察するに，素直に「はいそうですか」とはとても言えないことであろう。

6 刑事事件における判例変更

ところで，刑事事件における判例変更は民事以上に深刻な問題となる。それまでの先例によれば無罪であったのに，自分の行為についての裁判において判例変更され，あなたの番からは有罪とすると言われたのでは，到底納得できまい。

❏ 違法性の意識

刑法理論上，それまでの判例を信じて行為したのに，という言い訳の問題は，違法性の意識の可能性の問題として扱われている。

刑法38条3項は，「法律を知らなかったとしても，そのことによって，罪を犯す意思がなかったとすることはできない。ただし，情状により，その刑を減軽することができる」と規定している。そして，判例によれば，故意の成立には違法性の意識は必要としないとされている（最高裁昭和25年11月28日判決刑集4巻12号2463頁。なお，最高裁昭和62年7月16日判決刑集41巻5号237頁も参照のこと）。

確かに，法の不知を弁解として認めたのでは取締りができないという実際上の必要は否定できない。しかし，だからといって，複雑化した社会ではすべての法を知ることは困難であり，処罰を受ける者が災難だと思うようになっては，法秩序に対する一般の信頼を損なう結果となってしまうであろう。そこで，学説上は，むしろこれに反対する見解が多い。すなわち，故意によって犯罪を犯した場合にそれを処罰するのは，「みずからの行為から罪となる事実が生ずる旨の認識に当面したときは，違法性の意識が喚起され，違法行為を避けようとする良心の抑止力が生ずることが期待されるのに，それをあえて押し切ったか，あるいはそれが喚起されないまま悪に踏み切ったということ」（藤木英雄『刑法講義総論』212頁〔弘文堂，1975〕）にあるとされ，そうすると，違法性の意識を欠いたことに相当の理由があるときは，故意を形成したことを非難することはできないということになるのである（団藤重光『刑法綱要総論』（第3版）317頁〔創文社，1990〕，前田雅英『刑法総論講義』（第6版）169-170頁〔東京大学出版会，2011〕，山口厚『刑法』（第3版）130頁〔有斐閣，2015〕，井田良『入門刑法学・総論』（第2版）202頁〔有斐閣，2018〕ほか参照）。これによると，確立した判例を信じて行為した場合には，たとえ判例変更をすると言われても，少なくともそれまでになされた行為については故意あるいは責任が否定され，無罪とされる可能性があることになろう。

❏ 全農林警職法事件

　刑事事件における判例変更の例としては，全農林警職法事件判決（最高裁〔大法廷〕昭和48年4月25日判決刑集27巻4号547頁）がある。これは，昭和33年，国会に提出された警察官職務執行法改正法案

に反対して，労働組合の幹部が農林省職員の職場大会において国家公務員法上禁止されている争議行為を「あおった」として，国家公務員法110条1項17号（争議行為の「あおり罪」）により起訴された事件である。これより以前，類似の「あおり罪」の事件について，全司法仙台事件判決（最高裁〔大法廷〕昭和44年4月2日判決刑集23巻5号685頁）は，「争議行為のうち特に違法性の強いもの」を「特に違法性の強い方法」で「あおった」場合に限定する「二重絞り論」をとっていた。これを全農林警職法事件判決では，そのような曖昧な基準での限定解釈はどのような行為が処罰の対象となるかを不明確にし，その明確性を要請する憲法31条に違反する疑いすらあるとし，全司法仙台事件判決は変更を免れないとしたのである（限定解釈をせずに被告人らに有罪判決を言い渡した高裁判決を支持して上告を棄却）。

　この判例変更は，その前の全逓東京中郵事件判決（最高裁〔大法廷〕昭和41年10月26日判決刑集20巻8号901頁）などとともに憲法，労働法の講義では必ずとり上げられるものであり，詳しくはその段階で勉強してもらいたいが（芦部信喜『現代人権論』315頁〔有斐閣，1974〕，長谷部恭男『憲法』（第7版）298頁〔新世社，2018〕，安西文雄ほか『憲法学読本』（第3版）245頁〔巻美矢紀〕〔有斐閣，2018〕など参照），ここでの問題との関係で付言しておくべき点は，全司法仙台事件判決以後，検察庁は「あおり罪」でそれ以前に起訴していた多くの事件について公訴を取り下げていたという事情である。このため，わずか4年後の判例変更により，2つの判決の間の時期に罪に問われなかった人とその前後の時期に罪に問われた人との間において，法の下の平等は大きく損なわれる結果となったのである。

7 判例は信じるに足るものなのか

さて、ここからがやっと冒頭の問題についてである。

❏ 法の発見と法形成

かつて、イギリスでは、裁判官は法を創造するのではなく、法を発見して適用するだけだと考えられていた。裁判官は、あたかも神の意志を伝える「みこ」のように、完全無欠な法を宣告するわけである（田中・前掲書71頁）。このような考え方を前提とすると、判例変更がなされた事件の当事者には正しい法が与えられたわけであり、変更前の判例が間違っていたということになる。そうすると、問題とすべきは、判例変更時の当事者の保護ではなく、過去の間違えた判決によって不利益を受けた者の保護ということになろう。

実際に、アメリカでは、この問題が争われた事件がある。それは、アメリカ連邦最高裁が、判例を変更して、違法な手続で差し押さえた証拠物は刑事手続における証拠として用いることができないとしたため、それより以前に違法収集証拠によって有罪となり服役していた囚人から、釈放を求める人身保護請求がなされた事例である。リンクレタという名前のその囚人が、強盗をはたらき、令状なしの違法な捜索差押えで発見された証拠に基づいて有罪とされ、その判決が確定したのが1960年3月、違法収集証拠排除原則を打ち出した連邦最高裁判決が下されたのが1961年5月であった（Mapp v. Ohio, 367 U. S. 643〔1961〕. 詳しくは、井上正仁『刑事訴訟における証拠排除』81頁以下〔弘文堂, 1975〕参照）。そこで、リンクレタは違法収集証拠が採用された点を問題として釈放を求めたのである。この事件

は，最終的には，連邦最高裁にまで持ち込まれたが，結局，釈放請求は棄却された（Linkletter v. Walker, 381 U. S. 618〔1965〕）。ここでの問題の立て方から見ると，要するに，1960年の判決は，それ以前から適用されていた法を発見したのではないというわけである（松尾浩也「刑事法における判例とは何か」法学セミナー 1978年6月号12頁〔同『刑事訴訟法講演集』324頁〔有斐閣，2004〕〕，田中・前掲書88頁参照）。

現在では，イギリスでも裁判官による法の発見という考え方はフィクションに過ぎないとされている。法の発見というフィクションは，元来，中世以来の完全無欠なコモン・ローによる裁判という発想から来たものであるから（田中・前掲書71頁），そのような法の捉え方をしてこなかった日本には，もともとそのような発想はなく，むしろ「お上のお裁き」そのものが法であるという発想であり，現在の司法制度の下でも，裁判所の判断それ自体がその事件に適用される法であるということは共通の前提であろう。

❏ **判例は信ずるに足らず**

しかし，そのことと判例が後の裁判に与える拘束力とは別問題である。裁判所に法創造的機能があり，個々の事件に対する判決はそうして創造された法の適用であるとしても，その事件を超えて，後の裁判までを拘束する力がそこにあるとは言えないからである。そして，*3*で述べたように，判例の拘束力は「事実上」のものに過ぎないと考え，かつ，そのことを強調すると，過去の判例を信じたことは保護に値することではないということになろう。判例とは変更される可能性のあるものであり，それを絶対のものだと信じる方が間違いであって，何らの救済も必要ないというわけである。

これが冒頭の問題に対するひとつの答えである。

8　判例の不遡及的変更

❏　法律改正の場合の措置との対比

しかし，事実上の拘束力といっても，実際上，判例は法律に近いものとして扱われているのであるから，それを信じたのがうかつであったとは言いにくいように思われる。

判例が法律類似のものであるとすると，判例変更に対応するものとして，法律の改正の場合の扱いが参考となるであろう。法律改正のうち，刑罰規定については，憲法39条により，改正によって「実行の時に適法であった行為」について刑事上の責任を科すことはできないが，民事法については憲法上の制約はない。したがって，民事法の改正では，政策問題として，改正法を遡及適用する必要性と既得の利益の保護の必要性とが慎重に検討されるが，最低限の保障として，それまでの法律に従って行ってきたことを損なうようなことのないような配慮がなされている。また，法律改正は国会という公の場で行われ，さらに，必要に応じて公布から施行の間に周知期間をおくといった手当てがなされる。

これに対して，判例変更は，具体的事件に対する判決言渡しという形で突然行われる。そこで，判例変更時の当事者の保護のために従来から提唱されているのが「判例の不遡及的変更（prospective overruling）」である。これは，裁判所が，従来の判例の立場は妥当ではないが，かといって判例変更をすると法的安定性を害すると考えた場合に，判例は変更するが，新しい判例の立場はその判決の時点以前になされた行為には適用しない旨を判決の中で宣明すること

である。アメリカでは、実際にこのような判決がなされることがあり、さらにこれを進めて、改正法の施行日を定めるように、判例変更後一定期間経過後から新判例が適用されることを宣明する例もあるようである（田中・前掲書32, 69頁以下参照。そこにはアメリカの多くの事例が挙げられているが、ここでの議論と一致するのは、そこでいう「純粋型不遡及的変更」だけである）。

では、日本でもこのような判例変更の仕方は可能であろうか（田中教授は、日本でも不遡及的変更の考え方は採用に値するとされ、具体的には、6で挙げた全農林警職法事件判決による判例変更について、変更の対象とされた全司法仙台事件判決のあった昭和44年4月2日以降判例変更をした昭和48年4月25日までに行われた行為に対しては変更後の判例法は適用すべきではないと論じている。田中英夫「全農林警職法事件における判例変更をめぐる諸問題」ジュリスト536号60頁〔1973〕）。

❏ 事情判決

刑事事件では、罪刑法定主義の観点から、既述の憲法39条を根拠として、判例の不遡及的変更が可能ではないかとの議論がある（中山研一「判例変更と遡及処罰の問題」判例評論482号〔判例時報1664号〕2頁以下〔1999〕, 同「判例変更と遡及処罰の問題（続）」判例評論519号〔判例時報1776号〕7頁以下〔2002〕のまとめ参照）。もっとも、最高裁平成8年11月18日判決（刑集50巻10号745頁）は、被告人の行為が、行為当時の最高裁判所の判例の示す法解釈に従えば無罪となるべきものであっても、これを処罰することは憲法39条に違反しないとの判断を示している。なお、これは「純粋将来効判決」とも呼ばれる（長谷部・前掲書443頁）。

他方、民事事件での敗訴当事者保護については憲法39条を持ち

出すことはできないので，より一般的な議論として参考になるのは，選挙無効請求事件における最高裁の「事情判決」である（最高裁〔大法廷〕昭和51年4月14日判決民集30巻3号223頁）。

　昭和47年に行われた衆議院議員選挙において，選挙区間の議員1人あたりの有権者数につき最大4.99倍の差があったことを理由とする選挙無効請求について，最高裁は，法の下の平等を規定する憲法14条等に照らし，立法府に委ねられている合理的期間内に改正が行われなかった定数配分規定は昭和47年当時には違憲状態となっていたと言うべきであるが，選挙を無効とすることは選出されている議員の資格を失わせることになり，そうすると定数配分規定の改正もできなくなってしまうため，不当な結果を避ける裁判をすべきであるとの「法の基本原則」（行政事件訴訟法31条1項の背後にあるとされる一般法理）に従い，本件選挙は違法である旨判示するにとどめ，選挙自体はこれを無効としない，という判決をしたのである（この判決については，ジュリスト617号〔1976〕の特集など参照。なお，田中・前掲書3頁参照）。

　もちろん，この「事情判決」の状況とここで問題としている状況とは異なるが，肝心なことは，わが国でも，この不当な結果を避ける裁判をするという「法の基本原則」を持ち出せば，相当柔軟な判決が可能であり，判例変更によって不利益を受ける当事者の保護も可能ではないかということである。具体的には，判例は変更すべきであるが，そのまま裁判をすると従来の判例を信じて行われたことを覆すことになり，社会の安定を害するという不都合があるので，当該事件を含めて従来の判例の下での事件には従来の判例に従って裁判をし，今後は新しい判例でゆくということを宣言するといったことが考えられる。

9　損失補償的発想

❏　憲法 29 条 3 項

上述の判例の不遡及的変更をする「事情判決」は，刑事事件においてはうまくゆきそうであるが（もちろん，憲法 39 条の精神から，それまでの判例によれば無罪となる者が有罪となるような判例変更のときに限るべきであり，逆の判例変更の場合には，そのまま当該事件の被告人から無罪とすべきである），しかし，民事事件では，せっかく判例が変更されるというのに，新しい判例によれば勝てる当事者が負けてしまうという逆の側の不都合が生じてしまう。

そこで，民事事件の場合には，やはり B 氏勝訴という結論は維持し，敗訴当事者の A 氏を別の形で救済する方法を考えるべきではあるまいか。そのひとつの可能性として，「私有財産は，正当な補償の下に，これを公共のために用ひることができる」と定める憲法 29 条 3 項を使うという方法はどうであろうか。

❏　予防接種ワクチン禍事件

憲法 29 条 3 項の適用される通常の状況は，交通混雑緩和のために道路を拡幅する必要が生じた場合，沿線住民に正当な補償金を支払って立退きを求めるといったケースである。しかし，このような従来考えられてきた状況とは異なる事例において，同条に基づき国家補償を与えるべきであるとした裁判例がある。

東京地裁昭和 59 年 5 月 18 日判決（判例時報 1118 号 28 頁）である。これは，予防接種により死亡し又は障害状態となった被害者らは，その被った損害について憲法 29 条 3 項に基づき，国に正当な補償

を請求することができるとした判決である。東京地裁は，国が予防接種を国民に強制し，あるいは地方公共団体に対して国民に接種を勧奨するよう行政指導して予防接種を実施したことにより，一般国民は，伝染のおそれがある疾病の発生及びまん延が予防され，公衆衛生の向上・増進という利益を享受したのに対し，被害者らは死亡・障害という予防接種により当然受忍すべき不利益の限度を著しく逸脱した特別の犠牲を余儀なくされたのであって，憲法29条3項による損失補償は，財産上の特別の犠牲の場合だけではなく，このような生命・身体に対する特別の犠牲が課された場合にも，類推適用されるべきであるとしたのである*。

*なお，このような判断の背景には，国家賠償法を適用すると国側に過失があったことの立証が必要であり，このような事例ではその過失の認定が難しいという事情がある。この判決については，塩野宏「賠償と補償の谷間」塩野宏＝原田尚彦『行政法散歩』209頁〔有斐閣，1985〕，原田尚彦・昭和59年度重要判例解説49頁，中山茂樹・憲法判例百選Ⅰ（第5版）230頁〔2007〕など参照。ただし，その後，東京高裁平成4年12月18日判決判例時報1445号3頁（小幡純子「予防接種禍集団訴訟東京高裁判決」法学教室151号110頁〔1993〕，宇賀克也・平成4年度重要判例解説54頁，滝沢正・判例評論415号〔判例時報1461号〕12頁参照）は，予防接種被害は，法によっても侵害することが許されない生命・健康という法益の侵害にかかわるものであるから，財産権に対する適法な侵害に関する補償を定めた憲法29条3項を根拠に損失補償を認めることはできないとした上で，国側の過失を認定して，国家賠償法による救済を与えた。その後，国側は上告を断念し，全国各地で提訴していた被害者を含めて計2900人の被害者に対し約1000億円を支払うことになった。

❏ 公共のための特別犠牲者としてのA氏

　憲法29条3項をこの東京地裁判決のように使うことができるとすると，判例変更時の敗訴当事者にも国家補償を与えることができるのではないかというのがここでのアイディアである。

　その判例変更は，5で挙げた有責配偶者からの離婚請求の判例変更のように，時代の変化等により，なされるべくしてなされたのかもしれず，したがって，誰もそのことは確実には知らなかったけれども，判決時よりずっと以前に法は変わっていたのかもしれない。しかし，裁判という制度に内在する仕組みとして，事前の「公布」はなされないのである（既述のように，その点，立法の場合と大きく異なる）。そのような仕組みの中にあって，判例変更時の敗訴当事者は，自分の事件によって最高裁判所に判例変更をする機会を与え，その結果として，国民一般は事実上法として機能する新しい判例を知ることができたのである。すなわち，国家機関としての裁判所が，敗訴当事者の時間，労力，裁判費用等の財産を，判例変更という公共のために使用したのであり，冒頭の問題のA氏は「公共の福祉のための特別の犠牲者」だというわけである。

　そうすると，判例変更を予期しないで無駄に支出した費用はすべて国家が補償すべきであるということになる。問題は補償すべき費用の中身である。裁判に直接関係する費用だけではなく，従来の判例を前提として行い，判例変更によって被ったすべての損害を含めるべきだとの意見があるかもしれないが，それは行き過ぎであろう。一般に，法改正の場合を考えてみても，たとえば，ワンルーム・マンションへの投資が税法上優遇されていることを前提に投資したところ，社会経済状況が変化し，税法上の特典が廃止されて，見込んでいた利益が得られなくなったとしても，それが国家補償の対象と

なり得るという議論は誰もしないであろう。国家補償の対象となるためには,「公共の福祉のための特別の犠牲」でなければならないのである。したがって,A氏が受けるべき補償は,判例変更を引き出すために直接被った損失,すなわち裁判のための諸費用の塡補に限るべきであると思われる。

以上,民事事件では,不遡及的変更のテクニックではなく,憲法29条3項による補償の方が妥当だというのが筆者のとりあえずの結論である。

　　　　　　　＊　　　＊　　　＊

とにかく,A氏がかわいそうだというだけではなく,正義を実現すべき司法制度として,制度への信頼を維持して法秩序を守るためにも,A氏に故なき損失を与えることがないようにすべきではあるまいか。柔軟な頭脳で,この重要でありながら未解決である判例変更時の当事者の保護の問題をもっときれいに処理する理屈を考えてもらいたい。

問題 9

大家の言い分

＊ 映画「マルサの女2」(脚本監督・伊丹十三)(1988年)より

（「日の出食堂」という看板がかかった小さな大衆食堂。「中華そば」と書かれたのれんと、「ラーメン」というのぼりがある。）

（店の裏と思われるところで、やくざは土間、店主は座敷から土間に向かって立って、）

店主　「この店はなー、俺のおやじとじいさんが、汗水垂らして築き上げた店なんだよー。俺もここで生まれてここで育ったんだ。誰にも売るつもりはねえ」

やくざ　「お願いしますよご主人。お宅には特別8億出しましょ。世田谷の宅地6億と、新築費1億5000万、それに小遣いが5000万、これ、ぎりぎりの線や。ただし、これ、だんさんとこだけ特別に出すんやさかいな、人には言わんとってくださいよ。ねえ、だんなー、（土下座して、）私を助ける思うて、お願いしますわ」

店主　（土間に降りて、土下座しているやくざを起こそうとしながら、）「ちょ、ちょ、ちょっと待ってくれよ、おい、やめてくれよ、おい、冗談じゃねえよ、起きろよ、おい、やめろっつってんだよ、やめねえのかよ、このやろう、ばかやろう、てめえ、（やくざを起こすのをやめて、座敷に戻りながら、）銭金の問題じゃねえんだい、いい加減にけえってくれよ、本当に」

（やくざ、座敷に戻ろうとする店主を追いかけて、つかみかかり、もみ合いとなる。）

やくざ　（店主の胸ぐらをつかみながら、）「……ここは、借地で借家や。おまえら、ここ借りてるだけや。それが、借地借家法ちゅう悪法に守られとる。地主がこの土地10億で売ったかて、かわいそうに、地主のところには2億しか入らへん。残りの8億、どこへゆくんかえ。全部おまえのところやないけえ。8億ちゅうたらな、

地代と家賃，月20万として，333年分やぞ。しかも世田谷に家建て替えてもろうて，それが無税や。新聞やテレビは，3代続いた大衆食堂が地上げの犠牲になったと書きよる。何が犠牲じゃ，くそガキャー。おー。あのなー，おまえら，過去3代にわたって，この土地借りて商売して儲けさせてもろうてんのやろ。おまえその恩忘れたんか。おまえら日本人の恥っさらしや。誰が許したかて，わしが許さん。徹底的に……」

格上のやくざ （これまでしゃべっていたやくざの肩をたたきながら，）「まあまあ，待て。……〔以下，略〕」

　これは，1980年代後半のバブル経済華やかなりし頃のいわゆる「地上げ」の一場面である。土地再開発のため，大家（「たいか」ではなく，「大家といえば親も同然」の「おおや」。以下，賃貸人という）がいわゆるヤクザを使って，店子(たなこ)（以下，賃借人という）の立退きを請求しているわけであるが，仮に賃貸人が自分でその家に住もうと思っても，そう簡単には賃借人を追い出すことはできない。上記のやりとりの中に出てくる「借地借家法」（正確には当時は「借地法」と「借家法」）が賃借人を手厚く保護しているからである。

　以下では単純化するため，賃貸人が自分の土地に家を建て，これを他人に貸す場合，すなわち，賃借人の側からみると借家の場合を前提とすることとする。1991年に改正される前の借家法には，次のような規定があった。

　1条ノ2　「建物ノ賃貸人ハ自ラ使用スルコトヲ必要トスル場合其ノ他正当ノ事由アル場合ニ非サレハ賃貸借ノ更新ヲ拒ミ又ハ解約ノ申入ヲ為スコトヲ得ス」（傍点筆者）

　この条文を素直に読むと，当然，次のような解釈になりそうで

ある(ポイントは,傍点の部分の解釈である)。すなわち,賃貸人が建物を賃貸している場合,契約の期限が到来したときに,その賃貸借契約の更新を拒否したり,あるいは,一般にその解約をすることができるのは,自分でその建物を使用する必要がある場合であるか,又は,そうでなくてもその他の正当な事由がある場合である。つまり,自己使用の必要は正当事由の一例示であって,自己使用の必要があれば当然に更新拒否・解約申入れができると言うべきである,という解釈である。事実,立法当初はそのように解釈されていた。

　しかし,その後判例上確立していった解釈は,次の通りである。すなわち,たとえ賃貸人に自己使用の必要があっても,それだけでは正当事由ありということにはならず,賃貸人の自己使用の必要性の程度と賃借人がその建物の使用を必要とする程度とを比べ,前者がまさる場合にはじめて正当事由があるとされる,という解釈である。これによれば,上記の地上げのケースでは,賃借人はその建物の所在する地域に根付いた商売をしており,そこを離れては商売の継続は困難であるのに対し,賃貸人側は,地価の高騰に便乗し,その土地を転売して儲けようというのであるから,土地家屋の明渡し請求が認められる可能性は極めて薄いであろう(仮に,賃貸人が自分でそこに住むという場合でも,むずかしいであろう)。

　さて,問題は,まず,この条文の解釈として判例のような解釈は行き過ぎではないか,そもそも解釈の限界はどのあたりにあるのか,仮にそのような解釈が許されるとして,裁判所はなぜこのような解釈をしてきたのか,である。そのことによって,どのような利益が守られ,逆に,どのような利益が害されたのか。そして,結局,判例の行ってきた解釈は妥当であったのか。

> *　　*　　*
> 次をすぐ読まないで、まずは自分で考えてみて下さい。

1　法解釈のあり方

　書かれた言葉は、それを書いた者の意思を離れ、読む側にさまざまに解釈されることになる。宗教の世界では、ひとつの聖典の解釈をめぐって宗派が分かれ、時として、その対立は戦争にまで発展する。法律の世界も、言葉によって秩序を作ろうとするものであるから、法解釈のあり方は最重要課題のひとつである。

　ここでは、この大問題の一部を扱うに過ぎない。以下では、明治以後のわが国における民事法（民法や借地借家法などの私人間の権利義務関係を規律する法）の解釈について、現在でも盛んに議論されているところを中心にみてみよう（従来の議論を極めて適切に整理したものとして、瀬川信久「民法の解釈」星野英一編『民法講座』別巻(1) 1頁〔有斐閣、1990〕参照。なお、より手短かにかつ他の民法学者との討論もあってわかりやすいものとして、同「民法の解釈の方法」法律時報61巻2号7頁〔1989〕参照）。

❏　概念法学とその批判

　明治31年の民法典施行からしばらくの間は、法典編纂に従事した人々が個々の条文の意味を説明するという作業に従事した。この時期における解釈方法論もそれ自体興味深いが、後に大きな影響を与えたという点からは、その後にドイツ法学の影響を受けて展開さ

れた「概念法学的解釈論」が重要である。この考え方は，世の中のあらゆる事象に対して，法典のいずれかの条文が一義的な答えを与えている，という理解を前提としている。そのような前提のもとでの解釈作業として重要なのは，ひとつの完全かつ矛盾なき理論体系（閉じた理論体系）として法典を解釈することであった。そして，具体的な事案への法の適用は，まずは理論体系における条文の意味内容を抽象的に確定し，そのように確定された「要件→効果」を前提に（大前提），事案がその「要件」に合致する場合に（小前提），その「効果」が当該事案に与えられるべき解決となる，という三段論法で説明したのである。

このような理論重視の概念法学的傾向に批判の矢を向けたのは，大正末期から昭和の初めにかけての末弘教授（1888-1951）であった。すなわち，抽象論から演繹的に考えるのではなく，具体的ケースから帰納的に考えるべきであるとし，法律が想定している定型的な社会関係に対してはこの概念法学的解釈論でよいが，法律が想定していない事象に対しては，裁判官が法創造的作用を営むことを正面から認めるべきであると主張したのである。ただ，その場合の法解釈（法適用）の実質的内容がどうあるべきかについては裁判官を信頼するほかないとし，形式的規準として，同様のことは同様に扱われるべきであるという公平さ（そのことから，上位の規範や先例に拘束されるとする）を提示するにとどまった（末弘厳太郎『法学入門』119頁〔日本評論社，1934〕）。ともあれ，ここにおいて，法解釈論において具体的妥当性の確保が強調される準備が整った。

そして，これを推し進めたのが我妻教授（1897-1973）である。同教授は，明治民法の論理的体系がその後の新しい社会的事象に適用されると，現時点の価値判断と異なる結果を生ずることが多くなっ

てきたとの認識を前提とし，法律判断の過程を2つの段階に分け，その第1段階において，実質的な法解釈論を展開した。すなわち，第1段階の価値判断の過程において，社会の進むべき理想，法解釈と経済の現実との相互作用，その他あらゆる社会的要素を考察して妥当な解決を決定する。その上で，第2段階として，法律の客観性の保障のために，三段論法でその結論を示すという手順を踏むのである（三段論法で説明できなければ結論を考え直さなければならないとする。我妻栄『近代法における債権の優越的地位』475頁〔有斐閣，1953〕。この部分の初出は，同「私法の方法論に関する一考察（1)-(3・完)」法学協会雑誌44巻6号，7号，10号〔1926〕）。

❏ 条文から自由な法解釈

以上のように，我妻法学に至って，わが国の民法解釈は，条文の文言から相当程度の自由を獲得した。すなわち，末弘法学までは，実定法の定めがあり，その本来の適用範囲である限り条文に拘束された法適用にとどまることが当然であるとされていたのに対し，我妻法学では，まずは条文を度外視して現時点での妥当な解決を模索し，実質的な判断をした後に，それを説明する段階で，うまく辻褄を合わせることができるかという形で条文の文言を問題とすることになるからである。我妻教授自身既にそのように述べているが，三段論法による説明は，妥当な結論に法律の衣裳を着せることであるとされ，大前提である法律の規定と小前提である具体的事実認定を操作すれば，たいていの結論は説明できるとされたのである（もっとも，法律の客観性の確保のために，言い換えれば，恣意的な解釈による個人の権利の侵害や法的安定性の破壊を抑制するために，条文の文言には一定の拘束力があるとする）。

このような法律の条文に必ずしも拘束されないで，価値判断を解釈という形で提示するという傾向は，第二次大戦後，学説・判例において次第に強まっていった（その理由として，戦争による価値観の激変により，法規範，その中でも特に戦前からある法律の規範内容の正統性に対する信頼が大きく損なわれたことにも一因があるのではないかとされている）。そして，来栖教授（1912-1988）は，このことをさらに突き詰め，法は複数の解釈が可能であり，その中のどれを選ぶかは自己の主観的な価値判断であると言い切ったのである（来栖三郎「法の解釈と法律家」私法11号16頁〔1954〕）。

　裁判上，条文の文言を相当に無視した解釈をしたものとして，たとえば，かつての利息制限法1条2項に関する最高裁（大法廷）昭和43年11月13日判決（民集22巻12号2526頁）はその典型例である。これは，一定の利率以上の利息の支払を約した契約は「超過部分につき無効とする」という1条1項を受けて，「債務者は，前項の超過部分を任意に支払ったときは，同項の規定にかかわらず，その返還を請求することができない」と定める同条2項の解釈が問題となった事例である。事案は，任意に制限超過利息を支払い続けた債務者が返還を請求できるかというまさに条文通りの状況であったが，最高裁は，制限超過部分は無効であって，その部分の債務は存在しないのであるから，その部分に対する支払は弁済の効力を生じないので，まず，残存元本に充当され（最高裁〔大法廷〕昭和39年11月18日判決民集18巻9号1868頁で示された判断），さらに，充当の結果，元本がゼロになったときは，「元本債権の存在しないところに利息・損害金の発生の余地がな」いという理由で，元本がゼロになった時以降の支払額については不当利得としてその返還を請求することができるとしたのである。この解釈は，社会的弱者である債

務者を保護すべきであるとの価値判断がまずあり，その結論を元本のないところに利息なしという理由で説明したものであるということができよう（その価値判断の妥当性については議論の余地があるところである。**問題8の5**参照）。

また，本稿で取り上げている改正前の借家法1条ノ2の解釈も，条文の文言に拘泥しない点で同様である。

❏ **利益衡量論とその批判**

成立可能な複数の法解釈のうちどれが正しいのかを決める客観的な規準はないという上記の立場に対しては，当然，反論も展開された（科学的に根拠を示し，国民全体の意思と歴史的発展方向に沿う解釈が最も「正しい」とする渡辺洋三教授（1921-2006）の見解について，同『法社会学と法解釈学』〔岩波書店，1959〕参照）。しかし，主流は，法解釈における客観的な「正しさ」を示すことはできなくても（もっとも，後掲の星野教授は価値判断の客観性を肯定する），いかに自己の価値判断を説得力あるものとするかが重要であり，これをどのように実現するかという方向に進んでいった。

これがいわゆる利益衡量論（利益考量論）の立場である。すなわち，関連する諸利益のうちのどれを優先させるかという判断を説得的に示すことが重要であるとするものである（両者は同じではないが，加藤一郎「法解釈における論理と利益衡量」岩波講座『現代法』15〔1966〕と星野英一「民法解釈論序説」同『民法論集』1巻〔有斐閣，1970〕参照）。これに対しては，利益の比較衡量を決着させる決め手が明確ではなく，むしろ，「議論による正当化」が重要であるとの指摘があり（平井宜雄「法律学基礎論覚書（1）-（9・完）」ジュリスト916号-928号〔1988-1989〕参照），このような法解釈論争は今後も続くであろう

(ミニ・シンポジウム「法解釈論と法学教育」ジュリスト940号14頁以下〔1989〕，特集「法社会学的法律学の可能性」ジュリスト1010号11頁以下〔1992〕，樫村志郎「議論による法律学の基礎づけは成功したか？」神戸法学年報8号1頁〔1993〕，山下純司ほか『法解釈入門』（補訂版）〔有斐閣，2018〕など参照）。

　以上，民事法の解釈についてのこれまでの議論の展開を思い切って単純化して紹介した。詳しくは，引用文献を手がかりに各自勉強してもらうほかないが，とにかく，日本の民事法学における法解釈論では，条文の文言は決定的ではないことだけは確かである（なお，星野英一「条文の意義とその読み方」同『民法のもう一つの学び方』（補訂版）43頁，特に60頁以下〔有斐閣，2006〕参照）。この点，たとえば，判例法国であるために，制定法が特別視される傾向があり，条文の文言の文理通りに解釈する傾向の強い英米法系の国とは大きな違いがある。

　裁判においては目の前で現実に生ずる不都合を看過することができないということはわからないではないが，しかし，法律を作ることとその解釈をすることとを明確に区別し，もう少し条文を重視した解釈をしておいて，それで不都合な部分は法改正を待つという姿勢があってよいように思われる。常に実質論をするということが，法律の内容を不透明にし，その結果，社会に無用のコストを負担させることを見過ごすべきではない（後述の借地借家法の解釈では，結局裁判をしてみなければ具体的結論がわからないという状況に陥ってしまった）。ルールの透明性の確保はそれ自体ひとつの価値である。確かに，わが国ではこれまで機動的な法改正がなされてこなかったのは事実であるが，法解釈における面倒見のよさ（実質的な法改正）が，かえって立法の怠慢を生むという悪循環さえあるように思われる。

❏ 刑事法の解釈

ところで，刑事法の解釈にも若干触れておくべきであろう。刑事法の場合，罪刑法定主義（ある行為を犯罪として処罰する旨の成文規定が行為時になければ処罰できないとする原則。憲法31条等参照）があり，行為者に不利な類推解釈は許されないので，民事法に比べると条文の文言の拘束力は強い。

たとえば，「車両は，乗客の乗降のため停車中の路面電車に追いついたときは，……当該路面電車の後方で停止しなければならない」（傍点筆者）と定める道路交通法31条の解釈として，「その字義のとおり，進行中の車両が停車中の路面電車の後方至近距離に到達したとき……をいうのであって，路面電車が停車した時点において既にその後端線を越えていた車両は，たとえ乗降口の手前にあったとしても本条の対象にはならないと解する」とした裁判例がある（札幌高裁函館支部昭和40年5月6日判決高裁刑集18巻3号158頁）。裁判所は，「本条の立法趣旨が乗降客の安全，便宜を図るにあることは明らかであるから，かかる立法の趣旨を強調し，右の時点において既に後端線を越えていてもまだ乗降口の手前にある車両は本条の対象となるとの見解もあろうが，刑罰法規は厳格に解釈すべきである」とし，路面電車が停車した時点において既にその後端線を越えていた車両の運転手である被告人を無罪としたのである。

しかし，他方では，刑法の規定であってもかなり緩やかに解釈される例もある。たとえば，古い例では，他人の電気を盗んだという事件で，窃盗罪を定めた条文の「人ノ所有物」（旧刑法366条）という文言の解釈として，「可動性」及び「管理可能性」の有無で「物」か否かを区別するべきであるとし，電気も物であるとしたものがある（大審院明治36年5月21日判決刑録9輯874頁。ただ，これはさすが

に無理な解釈とされたのか，後に立法上解決された〔刑法245条〕。なお，平野龍一『刑法の基礎』227頁〔東京大学出版会，1966〕参照）。

また，既に姿を消しつつあるが，テレホンカードが大量に使われていた時代の例として次のものがある。すなわち，度数を増やす変造を加えたテレホンカードを売りさばいたとして「変造有価証券交付罪」（刑法163条）で起訴された事件について，下級審裁判例が対立していたところ（有価証券性を否定して無罪としたものとして，千葉地裁平成元年11月2日判決判例時報1332号150頁参照），最高裁は次のような解釈を示してこの罪の成立を認めたのである（最高裁平成3年4月5日決定刑集45巻4号171頁）。最高裁は，有価証券とは，財産上の権利が証券に表示され，その権利の行使につきその証券の占有を必要とするものをいうところ，テレホンカードの場合には，権利の内容の一部（特に残通話度数）は磁気情報として記録されているので券面上の記載からは知り得ないが，カード式公衆電話機に挿入すれば度数カウンターに表示されるシステムであるので，それをカード上に印刷された部分などと一体としてみれば有価証券に該当するという解釈を示したのである（このような解釈を批判する見解として，山口厚「テレホンカードと有価証券変造」ジュリスト951号52頁〔1990〕など参照。その他，「変造」と言えるか，「行使の目的」があると言えるかという問題もあるが，ここでは省略する）。

なお，この背景には，昭和62年の刑法の一部改正により，テレホンカードの変造行為自体及びその行使自体は，「電磁的記録不正作出罪」（刑法161条の2第1項）及び「不正作出電磁的記録供用罪」（刑法161条の2第3項）により処罰規定を新設したのに，その中間にある行為である変造テレホンカードの交付（変造であることを知る者に売却すること）については規定が新設されなかったという事情が

ある。つまり，通常，テレホンカードを変造するプロと現実にそれで電話をかける人との間をとりもつブローカーが存在するが，このブローカーの処罰規定だけが抜け落ちてしまったわけである。このような立法の不備を解釈で補うということが果たして妥当であるか疑問の残るところである（上記の最高裁決定でも，真っ白なテレホンカードの場合には処罰できないという不都合がどうしても残るので，立法の見直しが必要であるとの補足意見が付けられている）。その後，平成13年の刑法改正により，電磁的記録であって支払用カードを構成するものについては，不正作出，不正行使に加え，譲渡等も処罰の対象とされるにいたっている（刑法163条の2第3項）。

以上のように，わが国では，刑法の解釈でさえ，法解釈の名の下に立法の瑕疵の面倒をみてあげるという姿勢がみられる（刑法の判例の解釈について，井田良『入門刑法学・総論』（第2版）67頁〔有斐閣，2018〕のコラム参照）。いわんや，民事法の解釈においてをや，である。

2　借家法の変遷

さて，随分長くなってしまったが，以上の法解釈についての議論を前提にして，具体的に，借家法について考えてみよう。まず，借家法の立法及び改正の経緯を，冒頭の問題における建物の賃貸借契約における更新拒絶の問題に絞ってたどってゆくと，次の通りである。

❏　民法の特別法としての借家法の制定

借家法は，大正10年（1921年），借地法とともに制定された法律

であり、建物の賃貸借について、そこに定められている限度で、民法601条以下に定める賃貸借の規定を修正するものである（一般法である民法に対して特別法という）。

民法では、賃貸借契約についても他の契約と同じく、近代の社会経済システムを支える原則の一つである「契約自由の原則」が妥当し、契約の締結、内容等は私人の自由とされ、民法の規定は、契約で定めのないときのルールを示すことをその役割としている。したがって、契約で賃貸借期間を定めておかなかった場合には民法617条1項が適用され、「各当事者は、いつでも解約の申入れをすることができる」のであって、その申入れがなされたときは、その時から建物については3ヵ月（土地については1年）を経過したときに契約は終了することとされる。これだけで十分に賃貸人に有利であるが、契約でさらに賃貸人に有利な条項をおくことも可能である。

しかし、物の貸し借りならばともかく、生活や事業のための家屋の賃貸借についてこのようなルールでは、賃貸人に比べて一般に経済的弱者である賃借人を極めて不安定な状態におくことになり、社会政策上好ましくないと判断され、借家法の制定となったのである。もっとも、制定当時の借家法の条文はわずか8ヵ条で、ここで問題としている解約・更新についてみると、解約申入れは6ヵ月前にしなければならず、また、6ヵ月未満の期間を定めた賃貸借は期間の定めがないものとみなすこと（3条）、期間満了後、賃借人が建物の使用等を継続していることに賃貸人が遅滞なく異議を述べなければ、前の賃貸借と同一の条件で更新されたものとみなすこと（2条）などが規定されるにとどまっていた。いずれにせよ、重要なことは、これらの規定に反する特約で賃借人に不利なものは特約していないものとみなすことである（6条。契約自由の原則の制限）。

❏ 昭和 16 年の改正

その年の 12 月には日本が連合国を相手とする太平洋戦争に突入する昭和 16 年（1941 年），借地法とともに借家法の改正がなされた。これは，戦争推進のため，借地借家関係のより一層の安定を目指したものであった（その 2 年前の昭和 14 年には「地代家賃統制令」が制定されている）。解約・更新について「正当事由」を必要とする旨の規定が 1 条と 2 条との間に枝番号を付けて新設されたのはこの時の改正であった（その他，6 ヵ月未満の期間を定めた賃貸借は期間の定めがないものとみなすとしていたのを，1 年未満の期間にする改正などが同時になされた）。

制定当時の理解では，自己使用の必要は正当事由の一例示であって，自己使用の必要があれば当然に更新拒否・解約申入れができると解されていたようであり（立法当時の用語法について，星野英一『借地・借家法』510 頁〔有斐閣，1969〕），事実，議会でもそのように説明されていた（第 76 回帝国議会貴族院速記録 13 号 124 頁における政府側の説明によれば，「当然『正当ノ事由』ノ中ニ入ルベキモノト解釈サレマス例ト致シマシテ法文ニアリマス『自ラ使用スルコトヲ必要トスル場合』，是ハ勿論デゴザイマスケレドモ……」とされている）。また，裁判上もそのように解釈されていた（大審院昭和 18 年 2 月 12 日判決民集 22 巻 57 頁。この評釈として，後藤清・民商法雑誌 18 巻 3 号 294 頁〔1943〕，吾妻光俊・判例民事法昭和 18 年度 18 頁参照）。しかし，ほどなくこれと異なる解釈が「何人も疑はないところ」（後掲東京地裁昭和 22 年 7 月 11 日判決）とされるようになっていった。

❏ 「正当事由」をめぐる戦後の判例の展開

戦後，空襲により都市部の家屋の絶対数が不足している状況に加

え，満州，朝鮮半島，台湾その他の外地からの引揚げによる人口増加によって，借家を取り巻く環境は極めて厳しいものであった。典型的な例は，戦前，外地での仕事のため内地の持ち家を他人に貸していた人が，引揚げ後にその家の明渡しを求める事例である。絶対的家不足のため，借家法1条ノ2の文理解釈を押し通して，自己使用であれば当然に正当事由となり明渡しを求めることができるとすると，追い出される賃借人は路頭に迷うということになってしまいかねない状況であったのである。

そのため，このような文理解釈が「現時の情勢下に於ては著しく衡平の観念に反することは最早何人も疑はないところであり，自己使用の必要性も亦結局に於ては正当性という概念に依つて制約を受くべきものと云はねばならない」（東京地裁昭和22年7月11日判決）とされ，「自ら使用することを必要とする場合とは，その必要性が単に主観的に存在する丈でなく賃貸借の当事者双方が係争家屋に関して有する利害関係その他諸般の事情にかんがみて一般の通念からしても賃貸人が自分で使用する必要があると是認される場合でなければならない」（東京地裁昭和21年5月5日判決。ともに次の事件における上告理由に引用されているもの）とされていったのである。そして，具体的には，現に居住する賃借人保護に相当に傾く扱いがなされ，賃貸人側もかわいそうな状況であれば，場合によっては「同居判決」もなされた。これは，1軒の家の中の部屋を賃借人と賃貸人で分けあい，台所，トイレ等は共同使用するというものである。さして広くない家で，裁判で争った当事者同士が円満に同居できるとは考えにくいが，とにかく，家不足である以上，仕方がない措置であるという判断であったのであろう。

❏ 間借りの大家対女中部屋まで持つ借家人

しかし，中には，最高裁昭和25年6月16日判決（民集4巻6号227頁）のように，それにしても，賃借人を保護し過ぎではないかと思われる事例がある。これは次のような事例である。

被告Yは，昭和12年以来，訴外Aから，神戸市生田区の2階建て洋風家屋（1, 2階合わせて約157平米）及び同平屋家屋（約19平米）（合わせて本件家屋という）を借りて居住及び事務所として使用していた。Yはオランダ有数の貿易会社の日本における代表として年額数百万ドルに達する貿易実績を有する業界では著名なハンガリー人貿易商である。Yは，夫婦2人であるが，女中兼料理人として訴外Bとその家族5名に2階建て家屋の1階の1室と平屋家屋を使用させていた。

昭和22年6月，進駐軍の酒場係である白系ロシア人の原告Xは，Aから本件家屋を買い取って貸主の地位を取得し，直ちにYに賃貸借契約の解約申入れの通知をした。Yがこれを拒否したため，XはYに対して本件家屋の明渡しを求めて提訴したのが本件訴訟である。

Xは，終戦後住む家がなく，友人宅に1室間借りしていたが，立退きを迫られており，上海にいる娘を引き取り自分たちで住むために本件家屋を購入したのであると主張し，これに対し，Yは，Xは昭和23年2月に空き家であった自分の持ち家を売却しており，自分で住む切実な必要があるとは言えず，仮に自己使用目的の購入であったとしても，Yとしては他に住むべき適当な家がないと主張した。

一審の神戸地裁は，YはXに対し2階建て家屋のうち，階下食堂向かい側の事務室1部屋を明け渡し，かつ，その炊事場，便所，

玄関及び廊下を共同使用させなければならない，との判決を下した（同居判決）。

これに対して双方控訴。

二審の大阪高裁は，「借家法第１条ノ２にいわゆる正当の事由があるかどうかを考えるに，住宅不足の著しい状況のなお解消しない今日において，他人が賃借居住中であることを知りながらその家屋を買い受けた者は，たとえ自らこれを使用する必要があっても，その賃借人に明渡を求めても酷でないというような特別の事情がない限り，正当の事由があるものとはいえない」との一般論を述べた上で，原判決を一部取り消し，Ｘの請求を全面的に棄却すべきである，と判示した。その理由は，Ｘは立退きを要求されているとはいえ，ともかく１室を借りていること，Ｙの社会的地位からみて，本件家屋の使用状態は不当に余裕があるとは言えず，また，他に適当な家屋がないこと，国籍・習慣・教養程度等を異にし，かつ，本件家屋をめぐって感情の対立がその極に達しているＸ・Ｙを同居させることは通常以上の甚しい苦痛を与えることを「比べ合せて考えると」，本件解約の申入れには正当の事由がないと言うべきである，ということにある。

Ｘ上告。上告理由の要点は，借家法１条ノ２の文理解釈を楯にとって自己使用の場合は正当事由のある場合の例示になっているなどとはもはや言わないが，原審は賃借人の利害のみを考慮していて不当だという点にある。

しかし，最高裁は次のように述べて上告を棄却した。すなわち，「按ずるに借家法第１条ノ２に規定する建物賃貸借解約申入の『正当の事由』は賃貸借の当事者双方の利害関係その他諸般の事情を考慮し社会通念に照し妥当と認むべき理由をいうのであって」，原審

もその通り判断しており，上告理由の論旨は採用できないとしたのである。

結局，賃貸人は「ともかく1室を借り受けている」のだから，女中部屋まで持つ賃借人から1部屋も取り戻せないとの結論が維持されたわけであり，これほどまでの賃借人保護はいかにもバランスを欠く判断のように思われる（本判決の評釈として，渡辺洋三・判例民事法昭和25年度101頁，乾昭三・民商法雑誌32巻4号115頁〔1956〕がある）。

❏ 社会の対応と立退料の支払慣行

以上のような賃借人保護に傾いた裁判例がその後もどんどん積み重ねられ，「人に家を貸すととられてしまう」という感覚が社会常識化していったのである。

そして，どうしても賃貸人が人に貸している家を取り戻したければ，立退料を支払うということが一般慣行化し，裁判所も，立退料の支払を正当事由を認める方向に働く要素の一つとして考慮するようになっていった（最高裁昭和46年11月25日判決民集25巻8号1343頁）。

たとえば，大阪地裁昭和57年7月19日判決（判例タイムズ479号154頁）は，賃貸人が容積率66.7％しか利用していない昭和9年建築の木造長屋を，その地域につき法律上認められる300％まで利用するために4，5階建てのマンションを建設する計画を立て，長屋に住む6名の賃借人に対して家屋明渡請求訴訟を提起した事例であるが，その賃借人の多くは40年以上もその長屋に住み死ぬまでそこで暮らしたいと望んでいる老齢者であった。裁判所は，原被告双方の具体的事情を勘案し，「双方の必要性のみを比較考察すれば，

	家賃（月額）	立退料
Y_1	3万円	560万4000円
Y_2	3万円	506万7000円
Y_3	3万円	503万9000円
Y_4	3万2000円	610万4000円
Y_5	1万5000円	459万6000円
Y_6	2万2000円	493万1000円

原告の本件解約の申入れには正当事由があるものとは到底認められないところである。しかしながら、本件建物の老朽化、敷地の非効率性、周囲の状況、昨今の住宅事情の緩和、特に一般的な賃貸、分譲マンションの供給過多、調停、訴訟及び和解を通じての被告らの対応等諸般の事情を総合すると、原告において相当高額の立退料を提供するならば、原告側の必要性等の事情を補完し、もってはじめて正当事由が具備するに至るものと認めるが相当である」とし、具体的には上の表の通りの立退料と引換えに建物の明渡しを命じたのである（この金額は判例タイムズでは省略されているので、判決謄本による。参考のため、家賃も掲げておく）。

❏ どのような利益が守られ、どのような利益が犠牲にされたか

守られたのは、賃借人の利益であるが、事はそう単純ではない。正確に言うと、既に家を借りている賃借人の住み続けるという利益が保護されたのである。また、立退料の一般化により、借りているということに財産的価値が生まれることになり（特に借地権価格の一般化）、その価値は高額化していった（この裁判例では、家賃の14年から25年分）。

しかし逆に，これから家を借りようとする賃借人は困難な立場に置かれることになった。賃貸人としては，貸してしまうと賃借人に極めて有利になってしまうのだから，自由な自己主張の機会は入居を認めるか否かの時点だけにあることになり，その段階での選別が厳しくなったのである（高齢者のほか，高学歴で仕事をもつ独身女性も借家法を盾に理屈をこねるので，大家から敬遠されるという事態も一部では生じたと言われている）。

　また，「貸すととられてしまう」のであれば，高額の家賃にしないと割が合わないということになり，また，入居時に権利金，更新時に更新料というよくわからない性格の高額のお金が必要となったのである（敷金は未払い家賃の発生や家屋に損害を与えたときの担保として合理性を有する）。これは，賃借人側全体の不利益である（澤野順彦「地代・家賃と更新料・権利金の実情と問題点」ジュリスト851号32頁〔1985〕）。

　さらに，「とられてしまう」ことがイヤであれば，地主としては，空いている土地があっても，アパートを建てて人に貸すのではなく，借地法・借家法の適用されない駐車場としたり，あるいは，都心に近い一等地に畑（水田は手間がかかるので畑にし，また野菜などを作っていると手間がかかるので栗の木などを植えておく。こうしておけば，農地とされ，宅地並み課税が強化されるまでは，極めて安い税金で済んでいた）が残ることになってしまったのである。つまり，住宅が十分に供給されないということになったのである。最近では，住宅の数自体は余り始めたのであるが，良質の新規賃貸住宅の供給に歪みが生じたということができよう。また，賃借人を立ち退かせることができないために，土地の高度な利用計画が頓挫してしまう例も生ずることになった。このようなことは，資源の効率的利用がなされない

ということであるから，経済学的にみて社会全体のマイナスと言ってよいであろう。

3 法改正の動き

上記の問題状況は早くから認識され，昭和30年代から法改正の動きが始まった。

❏ 昭和35年の改正要綱案
昭和35年に借地借家法改正準備会が公表した改正要綱案によると，借家法1条ノ2の「正当事由」を明確化するものとして——，

① 賃借人が正当な理由なく建物を使用していないとき，

② 賃貸人が改築等によりその敷地をより高度に利用しようとするとき，

③ その建物を利用する必要性の点で，賃貸人の方が賃借人に比べて切実であるとき，

④ 賃貸人が賃借人に対して相当な条件で直ちに使用できる相当な代替建物を提供するとき，

——という具体例が挙げられていた。しかし，このときは，正当事由については実際の改正には結びつかなかった（昭和41年に他の部分について若干の改正がなされた）。

❏ 平成3年法律90号による改正
昭和55年頃から各種審議会等で借地法・借家法の改正問題が再び取り上げられるようになり，法務大臣の諮問機関である法制審議会の民法部会財産法小委員会で検討がなされ，昭和60年，「借地・

借家法改正に関する問題点」が公表された（ジュリスト851号56頁〔1985〕）。

借家関係における「正当事由」については，「いわゆるオフィスビルとか商店ビルの賃貸借については，賃借人が多数にわたるため，現行法の下では，その適切な大改装や建替えに著しい支障がある，との声が強い」（同73頁）とし，「いわゆる正当事由（借家法1条ノ2）の内容を法律上明確にすべきであるとの考え方があるが，どうか。どのような内容にすべきか。例えば，その一事由として，賃貸人による当該建物の大規模修繕，建替え等の必要性及び相当性を加えるとの考え方があるが，どうか」（同58頁）との問題のほか，居住用の賃貸借とそれ以外の賃貸借との区別の可能性などの問題が設定された。また，金銭補償による正当事由の補完という実務の運用を法律上も明記することの当否についても問題とされた。

そして，問題点に対する各界の意見を聞いた上，平成元年に至り，「借地法・借家法改正要綱試案」が作成・公表された（ジュリスト932号111頁〔1989〕）。ここでは，正当事由の点については，転勤等により賃貸人が生活の本拠から一時的に離れるためにその家を貸すという場合について，正当事由を問わずきちんと期限通りに終了する賃貸借契約を認めるとともに，それ以外の一般の賃貸借について，居住用とそれ以外とを分けた。そして，前者の居住用については，正当事由を要求し，その有無は，賃貸人及び賃借人が建物の使用を必要とする事情，賃貸借に関する従前の経過，建物の利用状況，建物の状況，建物の存する地域の状況その他一切の事情，さらには，立退料も考慮して定めるとしつつ，後者のオフィス用等の賃貸借については，正当事由は不要とし，その代わり，明渡しの補償金を請求できることとする，としたのである。

このような改正の方向に対しては，さまざまな反応が示された。一方では，賃借人の立場から，借地・借家法「見直し」の正体は財界・大企業の利益のためのものであり，保護を失った賃借人は，地上げにより安住の地を追われてしまう，という批判がなされ（全国借地借家人組合連合会作成の冊子『家・土地が奪われ街は消える』〔1989〕），他方では，これに対し，賃貸人の立場から，借地法・借家法という60年以上も前の法律のために土地の有効利用が妨げられ，多くの国民が狭く高く遠い住宅に住むことを余儀なくされているという改正推進のキャンペーンが張られたのである（地主家主協会の意見広告「『借地法・借家法』は私たちの暮らしを，こんなに歪めている」日本経済新聞1990年1月15日朝刊）。

上記のような対立が深まる中，「黒船」が現れた（あるいは，黒船を東京湾に招き入れた仕掛人がいたのかもしれない）。1989年から1990年にかけて日本の対米大幅黒字の是正を目的として行われた日米構造問題協議である。これは，日米間の貿易不均衡問題を経済社会構造にまで踏み込んで日米双方で検討し解決してゆこうとするものであるが（道垣内正人「日米構造問題協議の法的位置づけ」商事法務1258号25頁〔1991〕参照），その最終報告（1990年6月28日）の中で，日本側措置として，流通や排他的取引慣行などの問題と並んで，土地利用問題が取り上げられ，さらにその中で，土地税制改革などとともに，「借地・借家法の見直し」について，次の通り明記されたのである。「諸情勢の変化に対応し，かつ，賃貸人と賃借人との権利関係の改善を図るため，また，住宅の利用可能性の増大が望ましいことを考慮して，借地法・借家法の見直しが行われており，早ければ90年度末にも両法の改正要綱案を得る見通しである。日本政府は，同案を得て速やかに所要の法律案を国会へ提出する。これによ

り，土地のより適正な利用及び優良な賃貸住宅の供給促進が期待される」(『日米構造問題協議最終報告書』54頁〔通商産業調査会，1990〕)。借地借家法の改正が日米貿易不均衡を解消するとは考え難いが，日本のオフィス賃料が下がればアメリカ企業の対日進出が容易になり，そうすればアメリカ製品の対日売り込みが促進されるという「風が吹けば」式のロジックが通ったのである。

ともかくも，このような経過で，平成3年10月4日法律90号として，現在の「借地借家法」は成立したのである（施行は平成4年8月1日。これにより，従来の「借地法」・「借家法」は廃止された）。

4 平成3年の借地借家法

平成3年改正後の借地借家法28条は，次の通り規定している（飯原一乗「『正当事由』の明確化」ジュリスト1006号45頁〔1992〕参照）。

「建物の賃貸人による第26条第1項の通知〔更新拒絶の通知——筆者注〕又は建物の賃貸借の解約の申入れは，建物の賃貸人及び賃借人（転借人を含む。以下この条において同じ。）が建物の使用を必要とする事情のほか，建物の賃貸借に関する従前の経過，建物の利用状況及び建物の現況並びに建物の賃貸人が建物の明渡しの条件として又は建物の明渡しと引換えに建物の賃借人に対して財産上の給付をする旨の申出をした場合におけるその申出を考慮して，正当の事由があると認められる場合でなければ，することができない」。

これを，既述の1989年の「改正要綱試案」と比較すると，26条では「賃貸人及び賃借人……が建物の使用を必要とする事情のほか」とされ，この事情が他の事情と区別されて重視されたこと，1989年段階では明記されていた「建物の存する地域の状況」とい

う事情が削除されたこと，さらに，事業用の借家（オフィスビル）については特別の規定は置かれなかったこと（事業用の借地については 24 条参照）など，都市再開発の必要性も視野に入れ，賃借人の保護に傾き過ぎた判例を立法によって修正しようという目論見はかなりの程度後退したと言わざるを得ない（上記のほかにも，法案提出の最終段階に至って，新法の更新・解約に関する規定の遡及的適用〔従前の賃貸借にも新法を適用するということ〕はなされないこととされた〔附則 12 条〕）。

5 平成 11 年改正

その後，規制緩和の一環として，平成 3 年の借地借家法では見送られた「定期借家権」を導入すべきであるとの議論が再び勢いを盛り返した（経済審議会行動計画委員会・土地住宅ワーキンググループ報告書〔1996 年 10 月 9 日〕など）。これに対しては有力な反論も展開されたが（鈴木禄弥「いわゆる『定期借家権構想』について(上)(下)」NBL 586 号 6 頁，587 号 25 頁〔1996〕，本田純一「『定期借家権導入論』とその問題点」ジュリスト 1088 号 30 頁〔1996〕など，正当事由を要求するルールが住宅供給を阻害しているとの議論の法学者からの分析として，内田貴「『定期借家権構想』——『法と経済』のディレンマ」NBL 606 号 6 頁〔1996〕参照），結局，平成 11 年に「良質な賃貸住宅等の供給の促進に関する特別措置法」が可決成立し，借地借家法の一部改正がされた（改正借地借家法の施行は平成 12 年 3 月 1 日。山口英幸「改正借地借家法の概要」ジュリスト 1178 号 8 頁〔2000〕）。

平成 3 年改正では，転勤等によるやむを得ない場合にのみ，その事情を記載した書面によるという条件の下に，期限付建物賃貸借契

約を締結できることとされていたが（旧38条），平成11年改正ではこれを一般化し，現在の38条は，1項で，「期間の定めがある建物の賃貸借をする場合においては，公正証書による等書面によって契約をするときに限り，第30条の規定にかかわらず，契約の更新がないこととする旨を定めることができる。……」と規定し，2項で，期限付きであることについての書面交付・説明義務を規定した。そして，建物の賃貸人は，期間満了の1年前から6ヵ月前までの間に賃借人に対して期間が満了すれば賃貸借が終了する旨通知しておけば，正当理由を云々するまでもなく，当然に期間満了により賃貸借は終了することとされている（38条4項）。このようにして，昭和16年以来の正当事由に関するルールには大きな例外が設けられるに至ったのである（その後，借地借家法は何度か改正されており，その中で重要な改正としては，平成19年法律132号により，事業用の建物の所有を目的とする定期借地権の上限が撤廃されている）。

　筆者としては，既述の通り，出来上がった法律の解釈については，あらゆる事情を考慮して利益衡量を行い，条文の文言をあまりに無視してしまうことに疑問を覚えるが，あるいはそうであるからこそ，立法に際しては，予想されるあらゆる事情，条件，影響などについての総合的な考慮のもとに一定の価値判断に基づく決断をすべきであると考える。借地借家法について言えば，その総合的考慮の中には，ひとり借地借家法の枠内での検討にとどまらず，土地問題に影響を与える税法その他の有機的な関係を有する法制度全体の考察も含まれるべきである。

　今後，この法律がどのように社会を規律し，社会はこれにどう対応するであろうか。そして，将来，再び法律と現実とがマッチしなくなった場合，文言にこだわらない自由な解釈によって具体的妥当

性を追求してゆくのか，あるいは，不都合であるがやむを得ないとの解釈をし，法改正を待つのか，興味深いところである。

＊　　＊　　＊

冒頭の「マルサの女2」からの引用については，株式会社伊丹十三事務所にお願いしたところ，こころよく台本のコピーまで送っていただいた。ここに感謝の意を表する次第である。もっとも，台本と比べると実際の映画はさすがに迫力があり，結局，最終的には，筆者が何度もビデオを見て書きとった会話を用いている（本当の迫力に触れるには映画を観るに限る）。

問題 10

懲らしめとしての損害賠償

自動車メーカーのYは，スタイルがよくかつ低価格の新型車の開発を目指し，全社を挙げて取り組んでいた。ところが，開発の最終段階に入った頃，試験走行の結果，ガソリン・タンクの位置について問題が生じた。後輪の車軸のすぐ後ろにタンクを置くという設計であったのであるが，それでは，追突された場合，低速であっても，タンクは後輪の車軸にぶつかって火災を引き起こすおそれが大きい，ということが判明したのである。そのため，現場からは，タンクを車軸の上に移すことが提案された。

　しかし，Y社の上層部は，そのような設計変更はコストを上昇させ，発売を遅らせ，かつ，スタイルを悪くすることになると考え，次のような冷徹な計算をした。すなわち——，

　設計変更をした場合のコスト（a）
＝コストの増加による1台あたりの利益の減少額×販売台数＋1台あたりの利益×発売の遅れ及びスタイルの悪化による販売の減少数

　設計変更をしなかった場合のコスト（b）
＝1事故あたりの損害賠償額×事故数

——として，市場予測及び事故発生予測に基づく数値を代入したところ，a＞bとなったのである。そこで，Y社としては設計変更することなく発売し，事故が起これば賠償金を払う，という方針がとられた。

　発売後しばらくして，次のような事故が発生した。

　Xの運転するY社のこの新型車は，高速道路を走行中に突然エンストを起こし，後方を走ってきた車はこれを避けきれず追突してしまった。そして，Xの車は一瞬にして火に包まれ，Xは，一命は取りとめたものの，全身に重度の火傷を負ってしまった。

　XはY社に対して損害賠償請求訴訟を提起した。そして，その

審理の過程で、Y社が前述の計算をしていたことが判明した。

さて、不法行為による責任を規定する日本民法709条は、「故意又は過失によって他人の権利又は法律上保護される利益を侵害した者は、これによって生じた損害を賠償する責任を負う」と規定し、被害者が現実に被った損害額を賠償することとされている。しかし、この事例にこれを適用して、Y社にXの被った治療費、収入の減少額、慰謝料等の損害の賠償を命ずるだけでは、まったくY社の「思う壺」になってしまう。Y社としては、そのような賠償金の支払はコスト計算に織込み済みであり、それでも全体としては儲かることになっているからである。

そこで、このような悪質な不法行為の場合には、実損の賠償に加えて、利益（上記の a−b）を全部吐き出させるのはもちろん、Y社自身に二度とこのような悪質な行為を起こさないようにさせるとともに、社会一般への見せしめとして十分な額をY社からXに支払わせるという仕組みを導入することが必要だとの議論がある。

立法論として、このような懲罰的損害賠償の導入の当否を考えてみて下さい。そのメリットとディメリットをそれぞれ書き出した上で、どうすべきか結論を出して下さい。

＊　　＊　　＊

自分で考えて結論を出してから、次を読んで下さい。

1 公法と私法——刑事法と民事法

❏ 政策実現手段としての法

　国家がある政策目標を掲げてその方向に社会を動かそうとする場合，いくつかの手段がある。たとえば，行政指導と言われるものもそのひとつであり，監督官庁が関係業界の自発的な同意・協力を求めるという形である方向に動かしてゆく手法である。その背後には法律に基づく規制権限が存するのであるが，権限を行使せずに結果としてはそれを行使したのと同じ方向に業界を誘導してゆくものであり，ある意味では日本の土壌に適合した手段である。しかし，不透明な部分があるとの批判もあり，1993 年に行政手続法が制定され，翌年から施行されている（宇賀克也『行政手続法の解説』〔第 6 次改訂版〕〔学陽書房，2013〕参照）。

　政策実現の本道は法律による方法である。法律と言っても，大きく分けて，公法と私法の 2 つの種類があり，その使い分けが問題となる。公法と私法の定義については多くの議論があるが（行政法の立場から論じたものとして，田中二郎『公法と私法』〔有斐閣，1955〕，塩野宏『公法と私法』〔行政法研究第 2 巻〕〔有斐閣，1989〕参照），ここでの問題関心から言えば，公法のうち，憲法や国家行政組織法のようなものを除き，刑罰でバックアップされた政策実現手段としての刑事法と，民事法（私法といっても同じであるが，刑事法に対応させる場合には民事法という方が適当であろう）との対比を考えることになる。それぞれ，次のように定義することができよう。

　まず，刑事法は，国家として関心の度合いが強い政策目標実現のための手段である。国会で法律を作り，その法律に違反する者があ

れば国家機関である警察がこれを摘発し，さらに国家機関である検察がこれを起訴する。そして，裁判所が有罪判決を下して罰金，懲役，死刑等を命ずれば，国家機関としての法務省がこれを実現する。このように，刑事法については，国家はすべての局面で自らのイニシアティヴで行動するのである。

これに対し，民事法は，国会で法律を作るという点では同じであるが，その法律が遵守されて社会がその方向に進むということについての国家の関心の度合いは刑事法についてほどではない。そのため，一般の人々がその法律と異なる行為をしていても，警察がそれを摘発することはない。その法律について国家が関与するのは，私人から裁判所に提訴があったときだけである。提訴があれば，裁判所は判断を下すのであるが，その判決の内容の実現については，国家は再び受動的であって，判決の執行を望む当事者からの判決執行の請求があるまでは動かないのである。

❏ 刑事罰と損害賠償

具体的に言うと，人を殺すという行為について，国家としてはそのような行為を抑制するという政策のもとに，殺人を禁止し，それを犯した者は，逮捕され，裁判にかけられて，「死刑又は無期若しくは5年以上の懲役」（刑法199条）に処せられる。そして，殺人以外にも，傷害致死（人を殺す故意はなく，人を傷つけるだけのつもりであったが，結果的に死亡させた場合。205条），傷害（204条），過失致死（210条），過失傷害（209条）に該当すれば，逮捕，裁判，処罰される（罪の程度は，法益を害する程度に対応し，この順にだんだんと軽い罪とされている。ちなみに，過失傷害罪は，「30万円以下の罰金又は科料」に処せられる）。このように，刑事法では，国家による制裁が法目的の

実現を担保しているのである。

　他方,そのような行為によって,被害者(被害者本人及びその家族等)には,治療費,葬儀費,働けなくなったことによる収入の減少などの経済的損害と,苦痛,悲しみといった精神的損害が発生する。国家としては,刑事罰とは別に,加害者に故意又は過失がある限り,被害者がそれを負担するのではなく,加害者にその賠償をさせることが適当であるという政策判断をしている。その表れが民法709条であり,同条は,既述のように,加害者は「損害を賠償する責任を負う」と規定しているのである。しかし,これはあくまでも民事法であって,被害者が何もしなくても国家が加害者から賠償金を取り立てて被害者に手渡してくれるというものではない。被害者が,たとえば,相手もわざとしたわけではなく,今後の近所づきあいのこともあるから,と考えて,生じた損害の賠償請求をしないことにしたとすれば,それはそれでかまわない,というのが民事法の法目的についての国家の関心の程度なのである。もちろん,被害者が裁判所に訴えを提起すれば,民法709条が適用され,その要件が満たされていれば,加害者に対して被害者への損害賠償額の支払が命ぜられる。そして,その判決が任意に履行されない場合には,「民事執行は,申立てにより,裁判所又は執行官が行う」ことになるのである(民事執行法2条)*。

　　*国家としては,このような裁判制度を設けていることに意味があるのであって,仮に被害者が実力で賠償金に相当する金員を加害者から獲得したりすれば,たとえ民事法上の権利が被害者にあっても,それは社会秩序を乱す行為として刑事法の対象とされ処罰されるのである。これを「自力救済の禁止」という。最高裁昭和30年10月14日判決刑集9巻11号2173頁は,「他人に対して権利を有する者

が，その権利を実行することは，その権利の範囲内であり且つその方法が社会通念上一般に忍容すべきものと認められる程度を超えない限り，何等違法の問題を生じないけれども，右の範囲程度を逸脱するときは違法となり，恐喝罪の成立することがあるものと解するを相当とする」と判示している。

　もっとも，刑事法と民事法との関係はいつもこのようなものであるとは限らない。たとえば，外国為替及び外国貿易法（いわゆる外為法）上必要とされる主務大臣の許可を得ないでした非居住者との金銭貸借契約等に基づく請求が問題となった事件において，取締法規に「違反する行為は刑事法上違法ではあるが，私法上の効力に何ら影響がない」とされた例がある（最高裁昭和 40 年 12 月 23 日判決民集 19 巻 9 号 2306 頁。そうでなければ，元来負担すべき債務を免れてしまうという信義誠実の原則にもとる結果となることが理由のひとつとされている）。

　いずれにしても，ここで重要なことは，国家としては，社会において行われるさまざまな行為のうち，一定の範囲のものだけを取り出して刑事罰をもって規制しようとしているということである。

❑ 冒頭の例についての刑事法と民事法

　既に一部述べたように，日本では，他人の生命，財産等の侵害については，社会秩序を乱したことによる処罰は刑法が受け持ち，当事者間の権利義務関係については民法が受け持っている。したがって，冒頭の問題のような状況において，Y 社の処罰が必要だというのであれば，それは刑法の役割であり，人が死ぬことがわかっていたのに利潤追求のためにそのまま欠陥車を市場に出したというのであれば，「未必の故意」による殺人罪が成立する余地さえあろう

（罪となるべき事実の発生を予見しながらあえて実行すれば，故意による行為とされ，あらかじめ被害者の特定ができていなくても殺人罪は成立する〔大審院大正6年11月9日判決刑録23輯1261頁〕）。そして，処罰は刑法に任せるとすれば，民法による損害賠償では，純粋に発生した損失の衡平な分担（100％加害者に責任があれば，全額を加害者に負担させ，被害者にも落ち度があれば，被害者の過失の割合を損害賠償額から差し引く〔民法722条2項による「過失相殺」〕）だけをすればよいということになる。

❏ 境界領域

もっとも，そうは言っても，刑事法と民事法との間にきちんと明確に線が引かれているわけではない。というのは，刑法にも，親告罪（被害者からの告訴がなければ処罰しない類型の罪）というものがあり，他方，民法にも，検察官が出てくる場面があるからである。

刑法261条の器物損壊罪（他人の物を壊す犯罪）は，国家法秩序の中では，生命・身体の侵害と異なり，さほどひどい行為とはみなされず，被害者がその行為の処罰を望んではじめて国家は動くこととしているのである。このことを，刑法264条は，「第259条，第261条及び前条の罪は，告訴がなければ公訴を提起することができない」と規定している（なお，かつては，刑法176条以下の強制猥褻罪や強姦罪などは被害者のプライバシー保護の観点から親告罪とされていたが，身体的にも精神的にもダメージを受けた被害者に告訴するかどうかの選択をさせることはさらなる大きな負担をかけることになるので，これを避けるため，平成29年法律72号により改正され，非親告罪とされている）。

検察官が民法で顔を出してくるのは，主として家族法の領域である。たとえば，重婚禁止，近親婚禁止など民法731条から736条に

反する婚姻については，各当事者，その親族とともに，検察官からその取消しを裁判所に請求することができるとされ（民法744条），たとえ，関係者がそのような婚姻でもよいと思っていても，国家の側で取消請求をして裁判所で取り消すということができるようにしてあるのである（また，別の例として，子の保護のため，悪い親から親権を奪い取ること〔親権の停止〕を求める請求権者に，親族に加えて検察官が定められていることも挙げることができる〔民法834条・834条の2〕）。このように，婚姻を基本とする家族制度の健全な維持については，民法典に規定が置かれていても，国家として一定の範囲で強い関心を有しているのである。

　また，次にみるように，時代により，国により，刑事と民事との峻別はそもそも絶対的なものではないのである。2000年に制定された「犯罪被害者等の権利利益の保護を図るための刑事手続に付随する措置に関する法律」は，殺人罪等の一定の罪に関する刑事被告事件の被害者や遺族は終局判決があるまでの間に被告人に対する損害賠償を求める申立てをすることができると定めている。これは，刑事事件で有罪判決があった場合には，同じ裁判所が短期間に損害賠償についての判決をすることができるようにするものである。これにより，被害者は刑事事件における証拠を活用することができ，また司法制度としても時間と労力を節約することができるというメリットがある。まさに，刑事と民事との部分的な融合であるということができよう。

72年型フォード「ピント（Pinto）」

photo：CG Library

2 アメリカの懲罰的損害賠償

❏ 懲罰的損害賠償（punitive damages）とは

英米法にあっては，民事と刑事との分化は必ずしも徹底されず，また徹底すべきであるとの発想も一般にはみられないとされ，懲罰的損害賠償はその現れの一つであるとされる（木下毅『アメリカ私法』19頁〔有斐閣，1988〕）。

懲罰的損害賠償（punitive damages, punitory damages, exemplary damages, vindictive damages などと呼ばれる）とは，英米法において発達したものであり，加害者の悪性が強い場合に，通常の塡補的な損害賠償に加え，特別の損害賠償を命ずるものである。悪性が強い場合とは，willfulness, wantonness, maliciousness, recklessness, oppression などがある場合とされる。そして，誰かが損害を被る蓋然性が高いことをあえて無視して実行する場合もこれに含まれるとされ，製造物責任にも適用されるのである（日本の文献としては，後に引用するも

ののほか,田中和夫「英米における懲罰的損害賠償」『損害賠償責任の研究』(中)885頁〔有斐閣,1958〕,W・グレイ〔木下毅訳・コメント〕「アメリカ法における懲罰的損害賠償——現代の理論および実務」アメリカ法〔1978-2〕171頁,山口正久「米国の製造物責任訴訟と懲罰的損害賠償(上)(下)」NBL 281号13頁,283号42頁〔1983〕,手塚裕之「米国各州の懲罰的賠償判決の性質・法的機能と本邦での執行可能性」ジュリスト1020号117頁〔1993〕,早川吉尚「懲罰的損害賠償の本質」民商法雑誌110巻6号1036頁〔1994〕など参照)。

❏ フォード・ピント事件

冒頭の例は,アメリカで実際にあった事件をもとに,若干の修正を加えたものである(Grimshaw v. Ford Motor Co., 119 Cal. App. 3d 757, 174 Cal. Rptr. 348〔1981〕. S. SPEISER, LAWSUIT 355-366〔1980〕,大羽宏一『米国の製造物責任と懲罰賠償』134頁〔日本経済新聞社,1984〕,Schwartz, The Myth of the Ford Pinto Case, 43 Rutgers L. Rev. 1013〔1991〕参照)。

1972年5月28日,グレイ夫人(Lilly Gray)の運転する72年型フォード「ピント(Pinto)」は高速道路でキャブレターの不調によりエンジンが停止し,後続車に追突された。そして直ちに発生した火災によりグレイ夫人は死亡し,同乗していた当時13歳のリチャード・グリムショウ(Richard Grimshaw)は全身の80%に火傷を負い,左の耳,鼻,数本の指を失った。グレイ夫人の遺族及びリチャード少年は,カリフォルニア州オレンジ・カウンティーの州裁判所に損害賠償請求訴訟を提起した。

キャブレターの不調が直接の事故原因である以上,実損害の賠償については大きな争いはない事件であったが,原告側弁護士が事故

原因を調べてゆくうち，安全問題での意見の対立から1976年に辞職に追い込まれたフォード社の元技術担当重役のコップ氏（Harley Copp）から，次のような証言を得た。すなわち，ピントの開発は異例のスピードで進められ，スタイリングの決定が技術的設計に先行し，アイアコッカ（Lee Iacocco）社長（当時）を中心とするフォード社の上層部はガソリン・タンクの位置を車軸の上に移す設計変更を行えば95％も安全性が高まることを知りながら，1台当たり9.95ドルのコスト上昇とスタイルが悪くなることを嫌い，設計変更をしないで発売に踏み切ったのだ，というのである（このような内部告発者を「ホイッスル吹き〔whistle-blower〕」という。当時，ラルフ・ネイダー〔Ralph Nader〕氏などをオピニオン・リーダーとして盛り上がりを見せ始めていた消費者運動において大企業の従業員に対して内部告発が呼びかけられていた）。そこで，原告らは，懲罰賠償の請求を追加することにし，これがこの事件の最大の争点となった（California Civil Code, § 3294 は，「見せしめ〔example〕として，かつ，被告の制裁として」の懲罰賠償を規定している）。

そして，さらに，原告側弁護士は，ディスカヴァリー*により，事故後の1973年になってであるが，フォード社から連邦道路交通安全局（National Highway Traffic Safety Administration）へ送られた書簡を入手した（作成者の名前をとって "Grush-Saunby Report" と呼ばれている）。

> *アメリカでは事実認定について原則として陪審員が判断するという制度が採用されているため，連日集中して短期間に審理を終わらせる必要があり，その審理手続（トライアル〔trial〕）において両当事者が対等の立場で争うことができるように，準備手続として，相手方の手元にある資料の提出要求や相手方関係者の証言を予めとって

おく discovery が広く認められている。「開示手続」と訳される。ディスカヴァリーに応じて会社の内部資料を提出するのであるが，どうしても都合の悪い文書がある場合に，法を守りながらそれを隠すには，相手方の弁護士事務所に入りきれないほどの大量の文書を提出し，その中に紛れ込ませておくという方法がとられることがある。フォード・ピント事件をモデルにしたと思われる「クラス・アクション（Class Action）」〔20世紀フォックス映画，1990〕という映画がある。ウィンカーの欠陥という設定になっており，弁護士親子（父親はジーン・ハックマン）の葛藤などが描かれているが，ディスカヴァリーが最大のポイントとなっている。なお，アメリカでは，ディスカヴァリーの濫用による弁護士費用の高騰も問題とされている（高橋宏志「米国ディスカバリー法序説」『法学協会百周年記念論文集』3巻527頁〔有斐閣，1983〕，小林秀之『アメリカ民事訴訟法』166頁〔弘文堂，1985〕，春日偉知郎『民事証拠法研究』191頁〔有斐閣，1991〕など参照）。

その書簡の中で，フォード社は，連邦が予定していた安全基準規則の施行に反対し，その根拠として，社会全体として，新規則を施行した場合に事故が減少して得るプラスと，コストの増大により被るマイナスを計算していた。その計算式は次の通りである。

自動車メーカー及び保険会社の得るプラスは，死亡者，傷害者及び車両損害の減少による賠償金支払額の減少であり，4953万ドル（＝死亡20万ドル×180人＋傷害6万7000ドル×180人＋車両損害700ドル×2100件）である（なお，被害者は賠償金を得てプラス・マイナス・ゼロとなる）。

他方，自動車製造コストの上昇による販売価格の上昇によって消費者全体の被るマイナスは，1億3750万ドル（＝1台当たりのコスト上昇分11ドル×1250万台）である。

この計算の結果，安全基準の強化は社会全体からみてプラスにならない（cost effective でない）というのが，フォード社の主張であった。しかし，この文書は，冒頭の問題での設定とは異なり，連邦規則による安全基準（正確には追突ではなく車の転覆における強度の基準であった）の強化に反論するために社会全体のコストを計算したものであり，訴訟においては，この文書自体は証拠として採用されなかった（174 Cal. Rptr. 376. もっとも，ピントの販売台数は 1971 年から 1976 年までに 220 万台を超え，小型車市場では第 1 位の売上げを記録していたため，この書簡の内容はマスコミ等を大いに賑わした）。しかし，ピントが追突事故に対して脆弱であることをフォード社が知りながら，生命とコストを秤にかけて設計変更をしなかったことを示す証拠は他にもあり，既述のコップ氏の証言とともに，陪審による懲罰賠償の判断に大きな影響を与えたのである。

　1978 年 2 月，陪審員は，8 時間の議論の後，被告フォード社が原告に支払うべき金額は，実損害の賠償として 250 万ドル（当時の 1 ドル＝210 円というレートで計算すると，5 億 2500 万円）に加え，懲罰的損害賠償として 1 億 2500 万ドル（262 億 5000 万円）とするのが適当であるとの評決をした。しかし，この評決を受けたゴールドシュタイン判事は，フォード社からの申立てに基づき，賠償額縮減決定手続（remittitur）により，懲罰賠償の部分について 350 万ドル（7 億 3500 万円）に減額した上で判決を下した。

　双方控訴したが，控訴審裁判所は一審判決をそのまま是認した（控訴審でフォード社は，自動車の安全基準違反の場合の刑罰は，最高でも 80 万ドルであるのに，350 万ドルの懲罰賠償は高すぎると主張したのであるが，裁判所は，その比較は刑事罰がこのような事件では企業の行為を抑制するには不十分であることを示すだけであり，だからこそ，悪い行為を

抑制するに十分なだけの懲罰賠償が必要なのだと判示している〔174 Cal. Rptr. 389〕。なお，グレイ夫人の遺族には，約56万ドルの実損害の賠償だけが認められた)。

❏ 懲罰的損害賠償の根拠

アメリカにおいて懲罰的損害賠償制度を正当化する論拠として挙げられているのは，次の諸点である。すなわち，(1) 加害者自身に懲罰を与えること（特別予防），(2) 社会への見せしめとして他の者の類似の行為を抑制すること（一般予防），(3) 被害者の報復感情を満足させること，(4) 私人に実損害の補塡以上の利得を与えるというインセンティヴを与えることによって，法目的の実現に積極的に参加させ（「私的な司法長官」になる），結果として社会から悪質な行為がなくなること，(5) 実損害の賠償が完全には得られない場合にそれを補完する機能を営むこと，以上である。

もっとも，(5)は，実損害の賠償制度がうまく機能していないことを補うという消極的な論拠であり，本来，懲罰賠償は被害者の被った損害の塡補という発想とは無縁のものであると言うべきである。したがって，純粋には(1)から(4)が懲罰賠償制度を支える理念であると言うべきであろう。そして，そのうち，(1)から(3)は，刑法において処罰の根拠として挙げられている理由と同じであるから，結局，懲罰的損害賠償に独特の根拠付けは，(4)の私人による法実現にあるということになろう。

これに対して，アメリカにおいても懲罰賠償に反対する議論もあり，事実，フランス法を継受したルイジアナ州のほか，マサチューセッツ州，ネブラスカ州及びワシントン州では懲罰賠償は認められていない（また，母法国であるイギリスでも，1964年の貴族院判決で懲罰

賠償には厳しい制限が課せられている〔Rookes v. Barnard, [1964] A. C. 1129〕)。反対論は以下の通りである。第1に挙げるべきは，(a) ある行為が社会全体からみて許されないというのであれば，社会全体として，すなわち，国家が，その行為を処罰すべきであって，刑事法の領分であるとの理念上の批判である。このほか，(b) 上限のない不明確な処罰であって適正手続違反となること，(c) 刑事罰との二重処罰になること，(d) 同じく他の懲罰的損害賠償との二重処罰になること（仮にこれを認めず，最初の原告だけが懲罰賠償を得られるとしたら不公平であること），(e) 加害者側は懲罰賠償のコストを価格に転嫁するので，消費者全体のマイナスになるだけであること（この議論は，懲罰賠償責任を負う危険に備えて加害者側が責任保険を掛ける場合には，さらに明確になる。なお，懲罰賠償の保険塡補の可否については，アメリカの各州で判例が分かれている。この点について，落合誠一「懲罰的損害賠償〔Punitive Damages〕に関する責任保険てん補」成蹊法学28号197頁〔1988〕参照)，などの反対論もある。このうち，(b)以下は，現在の懲罰賠償制度に対する法技術的な批判であり，根本的な批判は(a)であると言ってよかろう＊。

> ＊なお，被害者が懲罰的損害賠償を得た場合には，それが身体傷害または疾病を理由とする懲罰的損害賠償でない限り，これに課税されるようであるので，その税金分だけは罰金と同じく国家（アメリカでは所得税は連邦税である）に入ることになり，結局は，その部分については罰金そのものだという議論もできそうである (Internal Revenue Code, § 104(a)(2). see, Henning, Recent Developments in the Tax Treatment of Personal Injury and Punitive Damage Recovers, 45 Tax Lawyer 783 (1992))。

3 日本での議論

ところで，わが国においては，損害賠償とは，現に発生した損害を塡補するものとされ，慰謝料も現に被った精神的損害の塡補であると解されている（加藤一郎『不法行為法』（増補版）228頁〔有斐閣，1974〕，四宮和夫『不法行為』594-595頁〔青林書院，1987〕，内田貴『民法Ⅲ』（第3版）411-412頁〔東京大学出版会，2005〕など）。

もっとも，特別法の中には，労働基準法114条のように懲罰的な賠償を認めるものがある。これは，休業手当や時間外割増賃金などの労働者保護のための特別の賃金支払義務に違反した使用者に対して，裁判所は，「労働者の請求により，……未払金のほか，これと同一額の付加金の支払を命ずることができる」と規定するものである（船員法116条も同旨）。このような付加金制度がなければ，使用者としては労基法違反をしても，最初から支払わなければならないはずの賃金を支払うだけということになるので，労働基準法を遵守するように仕向けることができないとの判断があるのである。また，下請代金支払遅延等防止法は，下請事業者の利益を保護すること等を目的とする法律であり，親事業者に対する規制のひとつに，親事業者が下請事業者からの給付を受領した日から起算して60日以内に下請代金を支払わなければならず（同法2条の2），支払期日までに支払がされないときは，未払金額に公正取引委員会規則で定める率の遅延利息を支払わなければならないと規定している（同法4条の2）。そして，昭和45年5月8日公正取引委員会規則第1号によれば，この率は14.6％とされている。これも懲罰的な趣旨が込められているように思われる。

しかし、一般の不法行為における損害賠償については、このような制裁のために被害者に利得させるという考え方は一般に否定されている（自動車事故の場合に限定してではあるが、懲罰賠償の導入反対論として、山田卓生「懲罰的損害賠償」交通法研究13号48頁〔1985〕参照）。

❏ クロロキン薬害訴訟における制裁的慰謝料の否定

慰謝料の制裁的役割が論じられたわが国の裁判例として、クロロキン薬害訴訟がある。これは、肝臓疾患の治療薬として継続投与されたクロロキン製剤により網膜症に罹患した原告らが、国、製薬会社及び医療機関に対して提起した損害賠償請求訴訟である。原告側は、通常の慰謝料額の3倍程度の「制裁的慰謝料」の請求をしたのであるが、東京高裁昭和63年3月11日判決は、被告らが毒性を知りながら利益追求に走ったとの原告側主張を事実認定のレベルで退けた上で、一般論として、「原告ら主張の『制裁的慰謝料論』は、本件では、加害行為の態様を……斟酌して慰謝料額を定めるだけでは足りず、被害者の受けた損害の十全な回復と加害行為の再発防止（薬害の再発防止）のため、懲罰的、制裁的に高額の慰謝料を定めるべきであるというものである」。「しかしながら、我国の民法における不法行為による損害についての損害賠償制度は、不法行為によって被った被害者の損害を加害者に賠償させることのみを目的としているのであり、そのためには、加害行為の態様を前記の範囲で斟酌することで必要、かつ、十分であり、これを超えて加害者に懲罰、制裁を課するとか、不法行為の再発防止を図るとか、そのため慰謝料額を高額のものとすることなどは、右制度の予想しないところであって、ゆるされないのである」（判例時報1271号441頁）と判示したのである（原審の東京地裁昭和57年2月1日判決判例時報1044号19

頁及び別グループの訴訟についての東京地裁昭和62年5月18日判決判例時報1231号3頁も同旨。なお，上告審ではこの点は争点となっていない〔最高裁平成7年6月23日判決民集49巻6号1600頁〕）。

❏ 慰謝料の算定

もっとも，一般に，判例上，慰謝料の算定に当たっては，当事者双方の社会的地位，職業，資産，加害の動機及び態様等諸般の事情を参酌すべきであるとされている（最高裁昭和40年2月5日判決最高裁判所裁判集民事77号321頁）。このように，加害者の動機を問題とし，故意の場合，特に悪質な故意の場合に慰謝料額が多くなるとすれば，わが国の裁判実務は制裁的意味を込めて慰謝料を算定している，との議論も可能であろう。そして，これに対しては，慰謝料を現に生じた精神的損害の塡補であると厳格に解する立場から，慰謝料の算定に当たって加害者側の事情を考慮することは背理であるとの批判があるところである（植林弘『慰謝料算定論』131頁〔有斐閣，1962〕，四宮・前掲書599頁）。

しかし，現実の損害の塡補であるとの立場に立っても，裁判実務を説明することも不可能ではないように思われる。すなわち，慰謝料は不法行為発生の時点で固定された精神的損害を金銭評価するのではなく，その後の加害者の対応，その後判明した加害者側の事情に応じて変動するものであると解すれば，上記のような考慮は当然のことであるということになるのではなかろうか。したがって，上記の裁判実務を根拠に，民事と刑事の区別を超越して，慰謝料に積極的な意味での制裁的機能が認められているとは言えないように思われる（ただ，加害者に資産があると精神的苦痛が大きくなるとは言いにくく，また，植物状態になった被害者についても慰謝料請求を認める裁判

例〔名古屋地裁昭和47年11月29日判決判例時報696号205頁など〕や，航空機が墜落し，遺体が海中にあるままであることを遺族の慰謝料としてではなく，死者本人の慰謝料として算定している裁判例〔東京地裁平成9年7月16日判決判例タイムズ949号254頁〕もあり，慰謝料が財産的損害の賠償を事実上補完する機能を果たしていることは確かである）。

❏ 少数有力説

以上の現状に対し，わが国でも，懲罰賠償類似の制度の導入に前向きな見解も存在する。まず，現行の制度を大きくは変えないことを前提とするものとして，慰謝料を私的制裁として，あるいは塡補の部分と制裁の部分とを含むものとして捉えるべきであるとの議論がある（淡路剛久『不法行為法における権利保障と損害の評価』104頁〔有斐閣，1984〕，森島昭夫『不法行為法講義』474頁〔有斐閣，1987〕など）。さらに，よりドラスティックな見解として，被害者に対する救済の必要性の程度を超えて，懲罰としての効果が十分に期待できるだけの額の慰謝料（「制裁的慰謝料」）を積極的に認めるべきであるとする見解も少数ながら存在するのである（小島武司「脚光を浴びる制裁的賠償」判例タイムズ278号6頁〔1972〕，後藤孝典『現代損害賠償論』158頁〔日本評論社，1982〕，樋口範雄「制裁的慰謝料論について」ジュリスト911号19頁〔1988〕など。なお，森田果＝小塚荘一郎「不法行為法の目的——『損害塡補』は主要な制度目的か」NBL874号10頁〔2008〕参照）。

裁判例においても，筆者の知る限り唯一，京都地裁平成元年2月27日判決（判例時報1322号125頁）は，懲罰的に慰謝料の支払を命じている（不法行為事件ではなく，債務不履行事件）。これは，マンション建設会社が付近の住民と工事時間の制限を定めた協定を締結して工事に当たっていたものの，工事が遅延したため，協定違反によ

る損害賠償金を支払うとしても，あえて協定に違反して完成を急いだ方が，遅延による損害金を支払うよりも得策であると判断して，協定違反の時間に工事を強行した事例である。裁判所は，「故意による債務不履行の場合には，懲罰的ないし制裁的性質を有する慰藉料の支払義務を科することができるものと考える」とし，被告建設会社の行為は「それ自体違法な行為であるから予見される具体的な騒音等による財産的損害，精神的損害が立証されない場合でも，なお，債務不履行ないし契約違反自体による精神的苦痛に対し，その違反の懲罰的ないし制裁的な慰藉料の賠償を命ずるのが相当である」と判示している（具体的には，被告の3社に対して各自原告住民らそれぞれに20万円の支払を命じている）。

また，製造物責任に関する立法論として，日弁連消費者問題対策委員会が1990年11月7日に作成した製造物責任法要綱第1次試案（NBL 464号32頁〔1991〕）7条は，製造者の故意又は重大な過失の場合，補償的賠償のほかに，その2倍を限度とする懲罰的慰謝料を認めることができることとした。しかし，このような法改正は実際には行われていない。

4　レポートに示された意見

ところで，筆者は，法学の講義の中で，懲罰的損害賠償のわが国への導入の当否についてのレポートの提出を求めたことがある。それを集計すると，約6対4で導入反対が多かった。

賛成論としては，悪質な不法行為の抑制に役立つこと，被害者の報復感情を満足させることができることのほか，私人が検察官的な役割を果たすことによって，国民の法に対する関心が高まることな

どであった。他方，反対論は，民事と刑事との峻別という法体系に混乱を与えること，賠償額について予測がつかず，不明確であること，勝訴すれば儲かるので，いたずらに訴訟が増えるという懸念があること，提訴した原告のポケットに罰金類似の金銭が全部入ってしまうことに抵抗があること，民事裁判では刑事裁判のようには被告の権利保護が十分には図られないこと，刑事制裁との二重処罰の危険があること，などであった。

思ったほど突飛な意見はなく，むしろ，既述の議論と大差のない「法律家の議論」ができていたことに驚かされた。

5 どのような社会にしたいか

思うに，最大のポイントは，やはり，原告の懐に巨額の懲罰賠償が転がり込むことをどう評価するかにあると言うことができよう。賛成論者は，これがあるから私人による法の実現が促進され，社会から悪を駆逐できるのだということになるのだが（田中英夫＝竹内昭夫『法の実現における私人の役割』140頁〔東京大学出版会，1987〕参照。結論は筆者とは反対であるが，本稿の問題を考えるに当たって示唆に富む文献である），筆者としては，これにはやはり抵抗がある。他人の悪事を訴訟で暴けば儲かるという仕組みは，プラグマティズムに徹してしまえば，社会から悪をなくすという法目的の効率的実現方法ではあるが，そのような社会が健全な社会かどうか疑問なしとしないからである。また，おそらくは，多くの事件は和解で処理されるであろうから，訴訟をすれば命ぜられるかもしれない懲罰賠償を背景に，巨額の金銭がテーブルの下で渡され，表に出ないまま「懲罰」が行われるということも，筋がいい話とは言えないように思われる。

実際，アメリカでは，懲罰賠償制度だけが原因ではないが，弁護士料についての成功報酬制度，クラス・アクション（同じ立場にある多数の原告を糾合して行う訴訟手続），ディスカヴァリーなどと結びついて，訴訟の爆発と言われる現象が生じている。つまり，私人による法実現とは言うものの，現実には弁護士による制度の過度の活用となり，弁護士は儲かるものの，社会全体としては巨額のコストを負担することになっているのである。そのため，ジョージ・H・W・ブッシュ政権末期には，アメリカの国際的競争力をそぐことになっている法制度にメスを入れるべく，当時のクエール副大統領を委員長とする諮問委員会が設置され，その報告書によれば，実損害を上回る懲罰賠償は認めないこと等懲罰賠償を制限する方向での改革が提案されている（President's Council on Competitiveness, Agenda for Civil Justice Reform in America〔1991〕，これについては，判例タイムズ773号28頁〔1992〕に法務大臣官房司法法制調査部参事官室による紹介と翻訳「経済競争力に関する大統領審議会の報告書・米国の民事司法制度改革に関する提案事項」が掲載されている）。

　懲罰賠償の導入反対論として，刑事法の網から抜け落ちることを極力なくし，加害者が犯罪によって利得している場合には，すべてこれを没収するようにすれば，あえて懲罰賠償を持ち込む必要はないとの意見もあろうが，刑事法がそのようになっていない現実の中でどうするのかがここでの問題であるとすれば，この論は議論のすり替えであると言うべきであろう。もちろん，刑事と民事の峻別などという形式論では納得のゆく説明にはならない。また，上限のない罰金を厳格でない手続で科すことになるとの議論では，上限を設け，かつ，手続も整備するという立法論には太刀打ちできない。

　筆者にとっての導入反対の決め手は，懲罰賠償がない社会の方が，

刑事法による摘発・処罰の物足りなさに不満は残るであろうが，総体としては穏やかに生活できるのではないか，という素朴な感覚である。いずれの結論をとるにせよ，もっと万人をなるほどと思わせる理由を考えてもらいたい。

＊　　＊　　＊

　アメリカでの事業展開をめぐる紛争に関して，カリフォルニア州の裁判所が，日本企業に対して，実損害の填補賠償として約42万5000ドル，懲罰的損害賠償として112万5000ドルをアメリカ側当事者に支払うべきことを命ずる判決を下し，その判決に基づいて，日本での強制執行を求める訴えについて，最高裁は，懲罰賠償の部分の日本での執行は公序に反するとしてこれを拒否した（最高裁平成9年7月11日判決民集51巻6号2573頁。櫻田嘉章・平成9年度重要判例解説291頁参照）。日米の法的正義が正面から衝突した例のひとつである。

あとがき

　本書は，法学教室に連載した同名のシリーズをまとめたものである。最初の連載は1990年4月から9月までであり（115号-120号），間をおいて，2回目の連載は1993年4月から9月までである（151号-156号）。もちろん，かなり修正を加えたものも少なくない。

　1984年から東京大学教養学部で法学部進学予定者の「法学」の講義を担当し，教室での質疑応答の素材，レポートの課題，期末試験の出題などのために，法律学の面白さを味わえるような問題を考え，実際に使ってきたのであるが，「正解はない」と突き放して苦労をかけた学生諸君への罪滅ぼしをしようというのが，そもそもの執筆の動機である。つまり，自分で設定した問題を自分で正面から考えてみるという作業の結果が本書なのである。

　このようなことを行うことができたのは，ミシガン大学及びコロンビア大学への2年間の留学という形で時間の余裕が与えられたからであり，最初の連載は純粋に上記の自発的罪滅ぼしの成果である。もちろん，留学中は筆者の専攻分野の研究が中心ではあったが，そこには日本では望むべくもない時間があった。最初の連載はそのような伸び伸びした気分の中での産物である。

　これに対して，2回目の連載は，書き残したことを書こう書こうと思いながら2年間が経過したころ，法学教室編集部からのお勧めで，やっとのことで決心したものの，時間が思うようにはとれず，締切に追われた自転車操業の中での産物である。しかも，日本にいて手近に多くの文献があるため引用が多くなり，教育的配慮をし過

ぎたきらいがある。いずれにせよ，基本的な狙いはともに，自分で考えてみることの面白さを味わうことにある。私自身，昼食時など機会あるごとに本書で取り上げた問題を話題にして同伴者に一緒に考えてもらった。苦しい作業を強いられた2回目の連載であったが，そのプロセスを主観的には大いに楽しんだ。

　本書の第3版まではこれらの連載に手を加えながらすべてを収録してきたが，国際私法・国際民事手続法に関する11と，法曹養成に関する12は，分量が多いことと法科大学院の見通しが付きにくくなっていることに鑑み，この第4版では削除した。

　ところで，本書ができるにあたっては，極めて多くの方々のお世話になった。その中でも，故星野英一教授は1回目の連載全体について原稿に目を通して下さり，懇切丁寧なご指導をして下さった。また，2回目の連載については，当時在籍していた東京大学法学部研究室の多くの先輩，同僚に原稿を読んで頂いた。特に，樋口範雄教授，太田勝造助教授，佐伯仁志助教授，大村敦志助教授（肩書きは当時）には，お忙しい中，多くの指導を受けた。さらに，たとえば，故宮崎繁樹教授（元明治大学総長）からは，仲裁人によるケーキの切り分けについてのご指摘を頂き，本書をまとめる際にこれを加筆したし，また，学生からの指摘を受けて加筆修正した部分も多い。その他，大学院博士課程の早川吉尚君（現在，立教大学教授）からは，多くの具体的な修正意見を頂いた。このように書いてゆくと，いくら紙幅があっても足りないので省略させて頂くが，とにかくこれまでこの件についてコミュニケーションをもったすべての方にお礼を申し上げておきたい。

　最後に，このような企画を取り上げて下さり，また，改訂に大変なご助力して下さった有斐閣の奥貫清さん，神田裕司さん，藤本依

子さん，渡辺真紀さん，大原正樹さんらに，心から感謝の意を表する次第である。

 2019 年 2 月

道 垣 内 　 正 人

事項索引

あ 行

- ア・ウンの呼吸 …………………87
- あおり ……………………………114
- 悪 意 ……………………………4,94
- 遺失物 ……………………………72
- 意思能力 …………………………49
- 慰謝料 ……………………59,169
- ──の算定 ……………………171
- 一般法 ……………………………138
- 一般予防 …………………………167
- 委任契約 …………………………6
- 違 法 ……………………………47
- 違法収集証拠排除原則 …………115
- 違法性の意識 ……………………112
- ──の可能性 …………………112
- 運行供用者 ………………………57
- エンタープライズ ………………9
- 円満な解決 ………………………87
- お上のお裁き ……………………116
- オビタ・ディクタム（obiter dictum）
  ……………………………………105

か 行

- 開示手続（discovery）…………165
- 会 社 ……………………………17
- 解釈の限界 ………………………110
- 概念法学的解釈論 ………………130
- 家屋明渡請求訴訟 ………………143
- 下級審 ……………………………102
- 下級審裁判所 ……………………107
- 革 命 ……………………………3
- 瑕 疵 ……………………………92
- 瑕疵担保責任 ……………………94
- 過 失 ……………………………56
- 過失相殺 …………………………59,160
- 可動性 ……………………………135
- 株主総会 …………………………17
- 監護権者 …………………………47
- 元 本 ……………………………110,132
- 元本充当 …………………………110,132
- 管理可能性 ………………………135
- 棄 却 ……………………………7
- 貴族院 ……………………………100
- give and take のバランス ………85
- 器物損壊罪 ………………………160
- 規 約 ……………………………21
- 却 下 ……………………………7
- 行政指導 …………………………156
- 共有者 ……………………………21
- 共用部分 …………………………21
- 義 理 ……………………………88
- クエール委員会報告書 …………175
- く じ ……………………………6
- 具体的妥当性 ……………………101,130
- 区別する（distinguish）………106
- クラス・アクション ……………175
- クロロキン薬害訴訟 ……………170
- 刑事事件 …………………………104
- 刑事罰 ……………………………157
- 刑事法 ……………………………156
- 契 約 ……………………………85
- ──条項 ………………………86
- ──の解除 ……………………79,94
- ──の趣旨 ……………………91
- 契約自由の原則 …………………138
- 契約書 ……………………………86
- ──のひな型 …………………91
- 現在価格方式 ……………………76,77
- 原始取得 …………………………3

原状回復 …………………………53	最高裁判所 ……………………107
健全な社会常識 …………………34	催　告 ……………………………95
健全な常識とバランス感覚 ………45	裁判管轄の合意 …………………96
限定解釈 ………………………114	裁判官の良心 …………………101
憲法違反 ………………………104	債　務 …………………………110
権　力 ……………………………3	三段論法 ………………………130
故　意 …………………………56,112	事　実 …………………………105
好　意 ……………………………61	事情判決 ………………………118
──の保護 ……………………64	実定法 …………………………131
合　意 ……………………………6	私的な司法長官 ………………167
──の対象 ……………………86	自動車損害賠償責任保険 ………57
合意管轄 …………………………96	支　配 ……………………………3
好意同乗者 ………………………58	私　法 …………………………156
好意同乗者法	司法権 ……………………………48
（Automobile Guest Statute）………64	司法制度 …………………………7
効　果 …………………………105,130	社会の安定 ……………………99,119
公共の福祉 ……………………122	借地権価格 ……………………144
交　渉 …………………………8,85	借地借家法改正準備会 ………146
公　然 …………………………72,94	借地法・借家法改正要綱試案 …147
控　訴 …………………………103	射程距離（射程範囲）…………107
購入価格方式 …………………75,77	ジャンケン ………………………5
公　布 …………………………122	自由競争市場 ……………………36
公平の観念 ………………………59	修繕請求 …………………………92
公　法 …………………………156	重大な過失 ………………………56
国際海底機構（オーソリティ）………9	重要な事実 ……………………105
国際通貨基金 ……………………20	受忍限度 ………………………121
国際法（国際公法）………………3	主　文 ……………………………11
国連総会 …………………………20	主論（レイシオ・デシデンダイ）…105
国　会 ……………………………19	純粋型不遡及的変更 …………118
国家補償 ………………………120	上級審 …………………………102
国　庫 ……………………………3	上級審裁判所 …………………107
子供の引渡し訴訟 ………………46	上　告 …………………………103
コモン・ロー …………………116	上告理由 ………………………107
	少数者の権利 ……………………21
さ　行	小前提 …………………………130
罪刑法定主義 …………………118,135	承　諾 ……………………………21
最高裁小法廷 …………………102	所有権 ……………………………71
最高裁大法廷 …………………120	自力救済の禁止 ………………158

事項索引　*181*

信義誠実の原則	159
親権者	47
親告罪	160
人身保護請求	46,115
人身保護命令（habeas corpus）	46
身体の自由の拘束	46
信頼関係	88
審理手続（trial）	164
制裁的慰謝料	170
製造物責任	162
静的安全	73
正当事由	128,139
責任負担能力	64
責任保険	63,168
善意	4,72,94
選挙無効請求事件	119
全司法仙台事件判決	114
先占の法理	3
全逓東京中郵事件判決	114
全農林警職法事件判決	113
占有	3
善良な管理者の注意	92
先例	32,99
先例拘束性の原理	100
即時取得	72
訴訟経済	104
訴訟の爆発	175
損害賠償	34,157
——の請求	58,61,79
損害賠償額の算定	59
損害賠償額の予定	93
損害賠償責任	56
損害保険契約	63
損失補償	121

た 行

対価	56
代価	72
対抗	4
対抗要件	5
大前提	130
大陸法	101
諾成契約	91
多数決	17
——の原理	18
——の濫用	17
立退料	143
タテマエとホンネ	88
単純多数決	26
遅延損害金	93,110
地方特別法	19
注意義務	58
仲裁	6
——の合意	6
調停	7
懲罰的損害賠償（punitive damages）	162
賃借人	91,127
賃貸借契約書	91
賃貸借契約の更新	128
賃貸人	91,127
定款変更	18
定数配分規定	119
ディスカヴァリー → 開示手続	
適正手続	168
電磁的記録不正作出罪	136
登記	4
同居判決	140,142
動産の占有	72
当事者の権利義務	85
当選人	6
動的安全	74
投票の価値	20
盗品	72
透明性	134
特段の事情	107

特別多数決	26
特別の影響	21
特別の犠牲	121
特別の不利益	19
特別法	138
特別予防	167
特　約	92,138
閉じた理論体系	130
土地税制改革	148
土地利用問題	148
特許権	31
特許侵害訴訟	31
トライアル → 審理手続	
取　引	8,85
——の安全	74

な 行

何人も所有せざるものを与えず	75
二重絞り論	114
二重処罰	168,174
日米構造問題協議	148
日弁連消費者問題対策委員会の製造物責任法要綱第1次試案	173
日本人の契約観	87
ネームプレート	94

は 行

ハーグ国際私法会議	53
賠償額縮減決定手続（remittitur）	166
陪審員	164
背信的悪意者	4
破棄差戻し	102
早い者勝ち	3
判決の執行	157
判決理由	11,105
判　例	105,117
——の事実上の拘束力	102
——の不遡及的変更（prospective overruling）	117
判例集	100
判例変更	102
判例法	101
被害者救済	65
引渡し	92
非留保鉱区	9
フォード・ピント事件	163
付加金制度	169
不可抗力	92
不正作出電磁的記録供用罪	136
負　担	21
不動産の二重譲渡	5
不当利得	132
不当利得返還請求	80,110,132
紛争解決のシステム	3
紛争解決方法	3
紛争当事者の心情	45
紛争当事者の満足	11
踏んだり蹴ったり判決	108
文理解釈	140
平　穏	72,94
返還請求訴訟	70
変造テレホンカード	136
変造有価証券交付罪	136
ホイッスル吹き	164
法意識	87
英米人の——	89
日本人の——	88
法解釈	129
法解釈論争	133
法社会学	89
法政策	5,56,75
法制審議会民法部会財産法小委員会	146
法治主義	89
法的安定性	103,117
法的制裁	66

法的措置 …………………………34	離婚請求事件 ………………………108
法的判断 …………………………45	利　息 ………………………………109
法の基本原則 ……………………119	立　法 ……………………………56,151
法の発見 …………………………115	立法学 ………………………………67
法の不知 …………………………113	立法者 ………………………………66
法の下の平等 ……………………114,119	留保鉱区 ……………………………9
法律制定手続 ……………………18	領域権原 ……………………………3
法律の運用 ………………………62	「隣人訴訟」 …………………………60
傍論（オビタ・ディクタム）………105	類推解釈 ……………………………121,135
保険制度 …………………………63	レイシオ・デシデンダイ
保険の濫用 ………………………64	（ratio decidendi）……………105
補　償 ……………………………120	労働組合 ……………………………17
本　案 ……………………………7	ロビー活動 …………………………65

ま 行

わ 行

未必の故意 ………………………159	和　解 ………………………………6,11,98
民事法 ……………………………157	我妻法学 ……………………………131
無過失 ……………………………72,94	
無権利者 …………………………72	
無　主 ……………………………3	
無　償 ……………………………58	
メンツ ……………………………88	
持　分 ……………………………22	
物 …………………………………135	

や 行

有価証券 …………………………136
有価証券性 ………………………136
有　償 ……………………………58
有責配偶者からの離婚請求 ………108
有職故実 …………………………99
要　件 ……………………………105,130
予防接種ワクチン禍事件 …………120
予防法学 …………………………96

ら 行

利益衡量論（利益考量論）………133
利害関係人 ………………………17

法令・条文・条約索引

か　行

外国為替及び外国貿易法 ……………159
会社法
　　140条3項 …………………………18
　　309条 ………………………………18
　　831条1項3号 ……………………18
行政事件訴訟法31条1項 …………119
刑事訴訟法
　　405条2号3号 …………………102
　　410条2項 ………………………102
刑　法
　　38条3項 …………………………112
　　41条 …………………………………50
　　161条の2 ………………………136
　　163条 ……………………………136
　　163条の2第3項 …………136,137
　　176条 ……………………………160
　　199条 ……………………………157
　　200条 ……………………104,105
　　204条 ……………………………157
　　205条 ……………………………157
　　209条 ……………………………157
　　210条 ……………………………157
　　259条 ……………………………160
　　261条 ……………………………160
　　264条 ……………………………160
憲　法
　　14条 ……………………………119
　　29条3項 …………………120〜123
　　31条 ……………………………114
　　39条 …………………117,118,120
　　76条3項 …………………………101
　　80条1項 …………………………104
　　95条 ………………………………19

公職選挙法 ……………………………6
国際的な子の奪取の民事面に関する
　条約 ………………………………53
国連海洋法条約 ………………………9
国家公務員法110条1項17号 ……114
国家賠償法 …………………………121

さ　行

裁判所法
　　4条 ………………………………102
　　10条3号 ………………………102
下請代金支払遅延等防止法2条の2
　………………………………………169
失火ノ責任ニ関スル法律 ……………57
自動車損害賠償保障法 ………………57
　　3条 …………………………………57
　　5条 …………………………………57
借地借家法 …………………………127
　　26条第1項 ……………………149
　　28条 ……………………………149
　　38条 ……………………………151
借地法 ………………………………127
　　1条ノ2 …………133,140,142,146
　　2条 ……………………………138
　　3条 ……………………………138
　　6条 ……………………………138
少年法 …………………………………50
人身保護法1条 ………………………46
船員法116条 ………………………169

た　行

太政官布告103号（明治8年）……101
建物の区分所有等に関する法律 …16,20
　　4条1項 …………………………21
　　19条 ………………………………21

185

31条1項 …………………21,26	617条1項 …………………138
地代家賃統制令 …………………139	659条 ………………………58
仲裁法	703条 ……………………80,81
13条1項 …………………6,96	709条 ………………39,59,158
14条1項 …………………7	722条2項 …………………59,160
45条1項 …………………7	731条〜736条 ………………160
道路交通法31条 ………………135	744条 ………………………161
特許法32条2号 …………………31	770条1項 …………………108

な　行

770条1項5号 …………………108
820条 ……………………………50
834条 ……………………………161

日弁連消費者問題対策委員会製造物
　責任法要綱第1次試案7条 ………173

834条の2 ………………………161

ら　行

は　行

犯罪被害者等の権利利益の保護を図る
　ための刑事手続に付随する措置に
　関する法律 ……………………161
不正競争防止法2条1項 …………39
法の適用に関する通則法7条 ………96

利息制限法
　1条 ……………………………109
　1条1項 ………………………132
　1条2項 ………………………110
労働基準法114条 ………………169

ま　行

民事執行法2条 …………………158
民事訴訟法
　11条 ……………………………96
　118条 …………………………51
　118条3号 ……………………52
民　法
　177条 …………………………4
　192条 …………………72,75,78
　193条 ……………………72,78
　194条 …………………72,78〜80
　239条 …………………………3
　400条 …………………………58
　420条 …………………………93
　541条 …………………………95
　561条 …………………………79
　564条 …………………………79
　601条 ……………………91,138

著者紹介

道垣内 正人（どうがうち まさと）

1955年12月18日岡山市に生まれる。
1978年　東京大学法学部卒業。
　　　　東京大学教授（大学院法学政治学研究科・法学部，国際民事手続法）を経て，
2004年　早稲田大学教授（大学院法務研究科）・弁護士，現在に至る。

主要著書　『国際私法入門（第8版）』（共著）（2018，有斐閣），『ロースクール国際私法・国際民事手続法（第3版）』（共著）（2012，有斐閣），『ハーグ国際裁判管轄条約』（2009，商事法務），『ポイント国際私法・総論（第2版）』（2007，有斐閣），『ポイント国際私法・各論（第2版）』（2014，有斐閣），『国際契約実務のための予防法学』（2012，商事法務）

自分で考えるちょっと違った法学入門〔第4版〕

1993年10月30日　初　版第1刷発行
1998年11月10日　新　版第1刷発行
2007年 2月28日　第3版第1刷発行
2019年 3月30日　第4版第1刷発行

著　者　道　垣　内　正　人
発行者　江　草　貞　治
発行所　株式会社　有　斐　閣

郵便番号101-0051
東京都千代田区神田神保町 2-17
電話　(03) 3264-1314〔編集〕
　　　(03) 3265-6811〔営業〕
http://www.yuhikaku.co.jp/

印刷・株式会社暁印刷／製本・大口製本印刷株式会社
© 2019, 道垣内正人．Printed in Japan
乱丁・落丁本はお取替えいたします。
★定価はカバーに表示してあります。

ISBN978-4-641-12608-4

|JCOPY|　本書の無断複写（コピー）は，著作権法上での例外を除き，禁じられています。複写される場合は，そのつど事前に（一社）出版者著作権管理機構（電話03-5244-5088，FAX03-5244-5089，e-mail:info@jcopy.or.jp）の許諾を得てください。

本書のコピー,スキャン,デジタル化等の無断複製は著作権法上での例外を除き禁じられています。本書を代行業者等の第三者に依頼してスキャンやデジタル化することは,たとえ個人や家庭内での利用でも著作権法違反です。